돈 모으는 끝판왕
저축의 신

GAISHIKEI CONSULTANTS NO OKANE NO TAMEKATA
Copyright © KAZUYA HAMAGUCHI 2015

Edited by CHUKEI PUBLISHING
All rights reserved.

Originally published in Japan by KADOKAWA CORPORATION Tokyo.
This Korean edition was published by Dasan Books in 2015 by arrangement with
KADOKAWA CORPORATION through CREEK&RIVER KOREA Co., Ltd.

이 책은 (주)크릭앤리버를 통한 저작권자와의 독점계약으로 (주)다산북스에서 출간되었습니다.
저작권법에 의해 한국 내에서 보호를 받는 저작물이므로 무단 전재와 복제를 금합니다.

돈 모으는 끝판왕

저축의 신

하마구치 가즈야 지음 | 김지영 옮김

당산북

들어가며

왜 여러분의 '저축'은
잘되지 않는가?

"장래를 위해서라도 저축을 하지 않으면……."
"저축을 시작하긴 했지만 생각한 대로 돈이 안 모이네."
"1년에 1000만 원을 모으고 싶어!"

여러분은 이런 마음으로 이 책을 집어든 건 아닐까요? 저축이 생각처럼 잘되지 않아 돈 모으기가 제자리걸음 상태인 분들이 많을 것입니다.

지금도 서점에는 저축과 절약에 관한 책이 많이 나와 있습니다. 그 대부분은 FP(Financial Planner, 파이낸셜 플래너) 및 자산 운용 전문가, 은행원 등 전문적으로 돈을 다루는 프로가 집필했으며, '저축은 수입의 20%', '절약한다면 이 3가지!' 등의 구체적인 방법들과 즉시 효과를 볼 수 있는 내용들이 많이 담겨 있습니다.

그러나 이른바 '재테크 도서'를 읽고 목표한 대로 돈을 모은 분은 얼마나 있을까요?

이 질문 속에 대부분의 저축 생활이 지속되지 않는 이유가 숨어 있습니다. 남의 노하우를 그대로 흉내 낸다고 해서 잘될 리가 없습니다. 책에 적혀 있는 방법을 무작정 실천해봤자 비효율적일 것입니다. 왜냐하면 여러분은 여러분 나름의 '생활환경'과 '스타일'을 가지고 있기 때문입니다. 생활의 근간이 되는 이 부분을 무시하고 알려주는 대로 저축 생활을 구성해봐도 마음만 답답해질 뿐입니다. 이러한 저축 생활은 지속될 수 없습니다.

'일이 닥칠 때마다 임기응변식으로 끼워 맞춘 저축 생활'이 아니라 '여러분 자신의 목적과 환경에 최적화된 저축 전략을 세워 실행하는 것'이 필요합니다.
즉 맞춤형 저축 생활을 구성하지 않으면 저축은 성공할 수 없습니다.

컨설팅 기술을 저축에 활용한다!

저는 그동안 2곳의 컨설팅 회사를 거치며, 중기 경영 계획이나 신

규 사업의 입안, 업무 개혁, 기간 시스템의 도입 지원 등 다양한 주제로 경영을 지원해왔습니다. 경력을 보면 알 수 있듯이 제가 직접 돈을 다루는 프로는 아닌지라, 자산 운용의 뛰어난 스킬을 몸에 익혔을 리도 없습니다.

그러나 지금 제 수중에는 7억 원의 돈이 있습니다.
학자금 대출액이 4860만 원이나 있는 상태에서 사회생활을 시작했지만, 결혼을 계기로 본격적인 저축 생활에 돌입해 시행착오를 거듭하면서 7년간 모은 돈입니다. 돈에 관한 식견은 적고 빚도 있는 상황에서 제가 어떻게 돈을 모을 수 있었을까요?

결론부터 말하자면 저는 비즈니스를 효율적으로 추진하기 위해 만들어진 컨설팅 기법을 저축 생활에 적용하여 저축의 효율을 최대로 끌어올렸습니다.

목적을 확인하고 목표를 정하고, 그 목표를 달성하기 위한 전략을 세워 계획에 적용시키고 개선하는 과정을 계속 반복해나갔습니다. 비즈니스도 저축 생활도 성공하기 위한 요건은 같았던 것입니다.

실제로 체험한 저축의 컨설팅 기법

제 저축 생활을 성공으로 이끈 컨설팅 기법은 '로지컬 씽킹(본질을 파악해내는 사고방식)'과 '비즈니스 프레임워크'입니다. 여러분은 '로지컬 씽킹과 비즈니스 프레임워크가 뭐지? 그렇게 어려워 보이는 기법을 내가 쓸 일이 있을까?' 하고 생각할지도 모릅니다.

그러나 걱정할 필요 없습니다. 원래 이러한 기법이라는 것은 누가 활용한다 해도 일을 효율적으로 추진하고 쉽게 성과로 연결할 수 있도록 만든 도구이기 때문입니다.

자세한 것은 이 책에서 앞으로 소개하겠지만 여기에서 간략하게 설명하자면 저는 다음과 같이 로지컬 씽킹과 비즈니스 프레임워크를 저축 생활에 활용했습니다.

- 매킨지의 7S를 사용하여 '저축 체질 확인'
- 기업 피라미드를 사용하여 '목표·전략 계획 수립'
- 로직 트리를 사용한 '돈을 불리는 최적의 방법·지출을 줄이는 방법'
- PDCA에 입각한 '계획의 진행 방법'

이는 여러분이 지금까지 듣고 보아온 일반적인 저축 테크닉과 다를지도 모릅니다. 하지만 저는 7년간의 저축 생활을 통해 로지컬 씽킹과 비즈니스 프레임워크가 저축에 유효하다는 실증을 마쳤습니다.

표면적인 테크닉의 나열이나 이론만 그럴 듯한 이야기가 아닙니다. 실제로 체험을 해보았기 때문에 자신감을 갖고 추천할 수 있는 기법인 것입니다.

꿈을 펼칠 '풍요로운 삶'을 손에 넣다

이제 제가 저축과 풍요로운 삶에 대해 진지하게 생각하게 된 계기를 말씀드리는 것으로 이 장을 마무리하려고 합니다.

"풍요로운 삶을 보낸다는 것은 무슨 뜻인가?"

어느 날 장인어른에게 이런 질문을 받고, 저는 대답을 망설였습니다. 대략적인 인생 설계는 하고 있었지만, '풍요로운'이라는 부분에 초점을 두고 생각해본 적이 없었기 때문입니다. 장인어른은 제가 머뭇거리니 딱히 답변을 기다리지 않으셨고 이야기는 곧 다른 화제로 넘어갔습니다. 아마도 그리 심각하게 물어보신 것은 아니었을 겁니다. 하지만 장인어른이 그저 무심히 던지신 이 질문이 마음에 계속 남아, 저는 풍요로운 삶이란 어떤 것인지를 진지하게 생각해보게 되었습니다.

과연 풍요로운 삶이란 어떤 삶일까요?

저는 자신과 가족의 꿈을 실현하는 생활이 풍요로운 삶의 근본이라고 생각합니다.

지금부터 '최대 효율로 저축할 수 있는 확실한 방법'을 말씀드릴 것입니다. 모든 방법의 밑바탕에는 이때 제가 한 경험이 항상 깔려 있습니다.

여러분의 꿈은 무엇입니까?

실현하기 위해 노력하고 있습니까?

꿈을 위해 필요한 자금을 계획적으로 저축하고 있습니까?

단 한 번뿐인 인생, 한정된 시간 안에서 효율적으로 돈을 모으고, 많은 꿈을 이루면서 풍요로운 삶을 살려면 어떻게 해야 좋을까요? 오랜 세월에 걸쳐 직접 저축 생활을 한 끝에 제가 도달한 대답, 그 노하우 전부를 이 책에 적었습니다.

부디 이 책을 통해서 풍요로운 삶을 실현하기 위한 저축 생활을 시작하시길 바랍니다.

차 례

들어가며　　왜 여러분의 '저축'은 잘되지 않는가?_004

Part 1. "무조건 아끼면 된다고?"

Chapter 01. 10억 원 저축, 누구나 가능하다_016
'10억 원을 저축할 수 있을까?' | 돈 모이는 속도가 10배 빨라진다

Chapter 02. 지불에 쫓기는 삶은 잘못된 것이다_021
당신은 어디에 돈을 쓰는가? | 우리들의 저축 현실

Chapter 03. "왜 나는 돈을 못 모을까?"_030
모든 실패에는 이유가 있다 | 이유① 돈을 모으려는 진짜 목적을 모른다 | 이유② 현실적인 플랜이 없고 열심히 하는 의지력에만 기댄다 | 이유③ 개선책을 마련하지 않는다 | 저축 생활에 전략을 세우면 누구라도 돈을 모을 수 있다

Part 2. 7억 원을 모으며 깨닫게 된 것

Chapter 01. 대출금 4860만 원에서 시작하다_038
파산 직전에서 시작한 저축 | 부부일수록 솔직하게!

Chapter 02. 아내의 생각에 더 귀를 기울였다_044
"10년 후, 오키나와에 가서 살자" | 현지 조사는 필수! | 꿈을 위해 모든 노력을 다하다

Chapter 03. 큰 부담 없이 저축을 하고 싶었다_049
저축 생활과 비즈니스의 공통점을 찾아내다 | 저축 체질부터 확인하라 | '자산 관리 장부'의 작성 | 부부라면 합쳐서 모으는 게 유리

Chapter 04. 돈 때문에 싸우느니, 절약 안 하는 게 낫다 _057
가계부를 쓰니 사라진 돈을 되찾았다 | 저축은 장기전이다! | 시행착오① 회수권 사건 | 시행착오② 전기 ON/OFF 사건 | 계획→실행→평가→개선 | 12가지 항목의 '가계부' 탄생 | 변수는 반드시 있다

Chapter 05. 돈 모으기, 제3의 히든카드를 획득하라 _076
안전한 자산 운용을 더한 3동력의 저축

Chapter 06. "조금만 있으면 달성하시겠네요" _079
5억 원을 저축하니 보이게 된 것 | 비법 공유! 함께 부자가 되면 더 즐겁다 | 7억 원을 저축하니 보이게 된 것 | 저축 과정 자체가 행복했다

Part 3. 내가 저축의 신이 된 이유, 전략의 힘

Chapter 01. 처음에는 '사고방식'을 생각한다 _088
행동하기 전에 생각하라 | '급할수록 돌아가라'가 아니라 '급할수록 멈춰라'

Chapter 02. 오늘의 내가 10년 후의 나를 만든다 _095
꿈과 행동을 일치시켜라 | 꿈을 이루게 하는 4스텝 | '저축 피라미드'를 만들어보자

Chapter 03. 무엇을 버리고 무엇을 선택할 것인가 _104
선택 사항이 늘어나면 효율성이 올라간다 | 돈을 불리는 수단을 정리하는 '로직 트리'

Chapter 04. 저축 효율을 5배 올리는 방법 _112
완벽함을 추구하지 않고 저축한다 | 20의 노력으로 80의 효율을 만들어라 | 예측하면 효율은 더 올라간다

Chapter 05. 제때 평가해야 실패가 없다 _121
완벽한 계획이란 있을 수 없다 | 목표를 달성의 열쇠 'PDCA'

Chapter 06. 저축은 비즈니스와 같다_126
보다 적은 시간으로 보다 높은 저축 성과를!

Part 4. 부자되는 저축 체질

Chapter 01. 꿈이 있기 때문에 부자가 될 수 있다_132
꿈을 목표로 구체화하는 5가지 스텝 | 돈은 써야 비로소 제 가치를 발휘한다 | 장래에 어떤 생활을 하고 싶은가?

Chapter 02. 무조건 따라 하지 말고 내 스타일대로_139
'7S'로 자신을 재검토한다

Chapter 03. 처음에는 왜 가계부를 써야 하는지 몰랐다_149
좋은 가계부, 나쁜 가계부 | 12가지 항목만 써라 | 일주일에 1회만 작성하라 | 한 달에 한 번은 총 정리하라 | 살아 있는 가계부를 만들기 위한 3가지 요령

Chapter 04. 1년에 한 번 실시해본 가계 건강검진_160
자산 관리 장부를 만들어보자 | 자산을 목록화하라 | 당신의 가계는 얼마나 건강한가?

Chapter 05. 무리한 목표는 좌절을 부른다_168
'너무 힘들지도 않고, 너무 편하지도 않은 것'이 원칙 | "언제까지 실현하고 싶은가?" | '필요한 저축액'을 수치화한다

Chapter 06. 혼자 가지 말고 같이 가라_175
이인삼각으로 저축 생활 | 파트너는 적이 될 수도, 아군이 될 수도 있다

Part 5. 부자되는 지름길, 로드맵을 그리다

Chapter 01. 내가 잘하는 일, 돈으로 만들 수 없을까?_184
우선 수입 증가! 그다음이 절약! | 월급쟁이 맞춤형 대책을 세우는 법 | 수입 증가의 우선순위를 매긴다 | 지출 삭감의 우선순위를 매긴다 | 얼마나 절약 했는지 눈으로 보라

Chapter 02. 로드맵을 인생 지도로 삼자_204
저축의 로드맵, 10년 후의 내가 보인다

Part 6. 부부 중 하나가 쉬어도 끄떡없는 시스템

Chapter 01. '자산 운용'이라는 무기를 손에 넣자_212
저축 생활의 강력한 뒷받침 | 리스크 감소, 절대 잃지 마라 | 공짜로 외식 하고, 공짜로 운동하자 | 로 리스크, 로 리턴 철칙! | 바로 현금화할 수 있는 게 좋다

Chapter 02. 연간 이익 1600만 원, 꿈은 아니다_225
운용 이익으로 원하는 것을 손에 넣는다 | 돈이 돈을 낳는 힘

나가며   **기회는 모든 사람에게 있다_234**

Part 1.
"무조건 아끼면 된다고?"

Chapter 01

10억 원 저축,
누구나
가능하다

> *Point*
>
> 장기전일수록 느긋함과 전략이 필요합니다.
> 그래서 저는 '무리·낭비·편중'을 배제한 플랜을 실현하기로 결심했습니다.

| **'10억 원을 저축할 수 있을까?'**

20대에 결혼하고 나서 저와 아내는 '공통된 꿈'이 생겼습니다.

아내가 태어난 오키나와로 이주해서 우리가 소중히 여기는 가치관, 생활 방식을 누리며 가족이 단란하고 건강하게 사는 것입니다. 그러나 이 꿈을 실현하기 위해서는 생활 자금을 확보해야 한다는 큰 벽이 있었습니다.

그 당시에 저와 아내는 둘 다 경영 컨설턴트였지만, 오키나와에서 컨설턴트로서 직장을 구하기는 어려울 것이라고 판단했습니다. 직종을 고르지 않으면 일자리는 얼마든지 있었지만, 만족스러운 생활 자금을 얻을 수 있을지는 보장할 수 없었습니다.

오키나와 이주를 실현하기 위해 생활 자금을 모을 필요가 생긴 것입니다.

"오키나와에서 평생 살기 위해 필요한 돈은 도대체 얼마일까?"

꿈꾸는 생활을 위해 필요한 돈은 얼마일까요? 제가 오키나와의 물가를 기준으로 주거비, 식비 등 생활비를 더한 끝에 추산한 금액은 10억 원이었습니다.

매우 큰 금액입니다. 도저히 짧은 기간 동안 모을 수 없는 액수입니다. 연간 1억 원씩 모은다고 해도 10년이나 걸리는 장기전이 될 것입니다. 저희는 당시 20대였고, 그 시점에서 10년은 어처구니없이 긴 기간으로 느껴졌습니다. 10년이라면 갓 태어난 아이가 초등학교 3학년까지 성장하는 기간입니다.

대학 시절 졸업 연구, 컨설팅 프로젝트 등 미래의 목표를 내다보고 무언가에 열중했던 적은 여러 번 있었지만, 10년이라는 기간을 두고 뭔가에 몰두한 적은 없습니다.

큰 시간의 벽을 눈앞에 두고 저는 다음과 같이 생각했습니다.

우선 10년 이상의 계획에서 '무리'는 금물이었습니다. 단기 승부라면 다소 무리를 하더라도 정신력으로 극복할 수 있겠지만 장기전에서는 불가능하다고 판단한 것입니다. '낭비'도 철저하게 막을 필요가 있었습니다. 작은 낭비도 몇 년간 축적된다면, 계획 수행에 큰 타격을 줄 수 있으니까요. '편중'도 허용되지 않았습니다. 어느 쪽인가가 편해지면 그만큼 어딘가에 그 여파가 생겨나기 마련입니다. 장기전에서는 회복 불가능한 여파를 형성할 위험성이 컸습니다.

10억 원을 최대한 빨리 모으려면 '무리·낭비·편중이 없는 구체적인 장기 계획을 책정하고 실행할 필요가 있다'고 생각했습니다. 말로는 쉽지만 막상 실현하자면 꽤 어려운 문제입니다.

저는 심사숙고한 결과 한 가지 결론에 이르렀습니다.

'컨설팅 회사에서 배운 로지컬 씽킹과 비즈니스 프레임워크를 이용해 저축 전략을 세우고 실행하자.'

오랜 역사 속에서 뛰어난 경영자나 컨설턴트들이 비즈니스를 합리적으로 진행하기 위해 개발한 도구를 저축 전략에 적용하기로 결심했습니다. 이를 통해 목적지에 이르는 최단 경로를 찾아내 착실하게 그 길을 가겠다고 정한 것입니다. 곧바로 컨설턴트로서 익힌 노하우를 활용해 저축 생활을 개시했습니다. 지금까지 제가 해왔던 일들 가운데 가장 오랜 기간의, 그리고 가장 어려운 목표의 프로젝트에 도전하게 된 것입니다.

| 돈 모이는 속도가 10배 빨라진다

로지컬 씽킹과 비즈니스 프레임워크를 활용해서 저축 생활을 시작한 지 7년이 지났습니다. 지금 제 수중에는 7억 원이 넘는 유동성 자산(즉시 현금으로 바꿀 수 있는 자산)이 있습니다.

투자가 성공해서 큰 이익을 손에 넣은 것도, 유산을 상속받은 것도 아닙니다. 그저 계획에 따라 착실하게 돈을 모은 결과입니다.

"꿈을 실현하기 위한 길, 멀리 돌아갈까? 아니면 최단 경로를 밟을까?"

이렇게 물어보면 다들 단 한 번뿐인 인생, 최단 경로를 택해 인생을 보다 충실하게 살아가는 게 좋다고 생각할 것입니다. 로지컬 씽킹과 비즈니스 프레임워크는 이 최단 경로를 찾는 데 큰 힘을 발휘합니다.

저희 부부가 저축 생활을 순조롭게 진행할 수 있었던 것은 로지컬 씽킹과 비즈니스 프레임워크를 잘 활용한 결과입니다. 이는 보통 비즈니스의 현장에서 이용되지만, 제가 직접 시도해본 결과 개인의 '저축 생활'에서도 유효합니다.

원래 비즈니스 프레임워크란 그 누구라도 가이드라인에 따라 일을 진행하면 일정한 품질을 유지할 수 있도록 고안된 것입니다. 따라서 누구나 습득할 수 있으며, 활용할 수 있습니다. 주부든 학생이든 어떤 직업에 종사하는 분이든 제가 소개하는 방법을 쓰면 가장 빠른 시간 내에 가장 많은 돈을 저축할 수 있을 것입니다.

Chapter 02

지불에 쫓기는 삶은 잘못된 것이다

Point

모으는 것만큼 새는 돈을 잡는 것이 중요합니다.
자신의 꿈과 일관성 있는 소비 생활을 하기 위해 상황을 점검해봅시다.

| 당신은 어디에 돈을 쓰는가?

그럼 지금부터 저축 생활을 시작해 나가기에 앞서서 평범한 사람들의 저축 현실을 살펴봅시다. 여러분은 보통 사람들의 생애 임금(평생 동안 일해서 얻는 총 급여)을 아십니까?

　노동 정책 연구·연수 기구의 조사에 따르면 남성의 경우는 중졸자가 17억 7100만 원, 고졸자가 19억 5200만 원, 대학·대학원 졸업자가 25억 4100만 원입니다.

　여성의 경우 중졸자가 11억 1400만 원, 고졸자가 12억 6200만 원, 대학·대학원 졸업자가 19억 8000만 원입니다(이 수치에 퇴직금이나 연금은 포함되지 않습니다. 또 나이 60세를 넘기고 일하는 분도 많이 있기 때문에 실제로는 평생 벌어들이는 수입이 좀 더 높습니다).

　세금이나 사회 보험료 등으로 10~20%가 차감되기 때문에 자유롭게 쓸 수 있는 돈은 이보다는 적습니다만 그래도 아주 큰 금액입니다.

돈은 매우 불가사의한 것입니다.

목적 없이 아무것도 의식하지 않고 매일매일 마음대로 써버리면 손으로 물을 퍼올리는 것처럼 순식간에 사라져버려 무엇에 썼는지 기억하기도 힘듭니다. 생애 임금도 이와 똑같습니다.

60세를 맞아 퇴직하는 분에게, "인생에서 돈을 어디에, 어떻게 사용해왔는가?"를 물어보면 어떻게 답할까요? 아마 대답하기 쉽지 않을 것입니다. 구체적으로 답할 수 있는 것은 집 구입과 노후 대비 정도일 테고, 나머지는 생활비와 교육 자금 정도로 구분 지을 수 있지 않을까요?

평생 일하고 얻는 급여 총액이 정해져 있다면 그 쓰임새를 신중하게 결정해야 합니다.

생애 임금은 매우 큰 금액입니다. 계획을 세우고 효율적으로 돈을 쓰면 누구라도 대부분 꿈꿔왔던 일을 실현할 만한 금액을 모을 수 있습니다.

가령 일반적으로는 엄두가 나지 않는 '호화 여객선을 타고 떠나는 세계 일주 크루즈 여행'도 조사해보면, 5000만 원 이하의 가격대로 갈 수 있습니다. 만약 그것이 실현하고 싶은 꿈의 하나라면, 계획적이고 효율적으로 돈을 모으면 됩니다. 이것만으로도

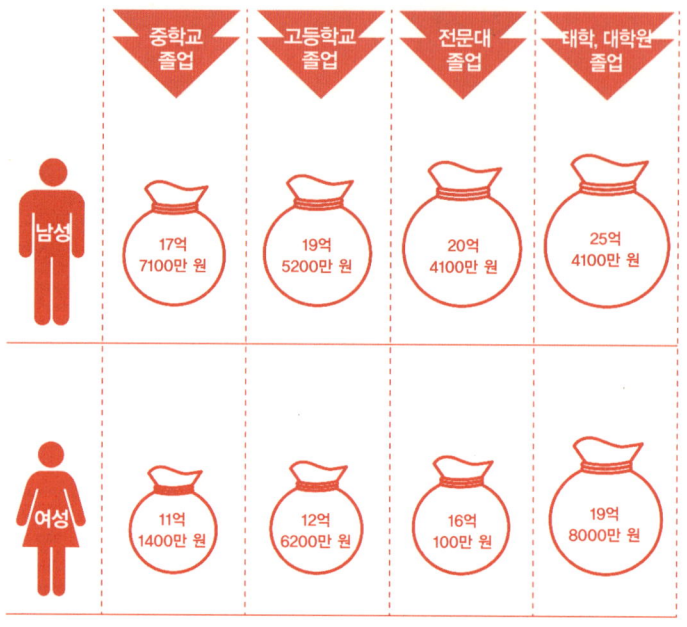

- 실은 많은 돈을 벌어들이고 있다
- 계획을 세워서 효율성 있게 돈을 사용하면 돈은 모이게 된다

대부분의 사람이 꿈을 실현할 수 있습니다.

결국은 돈을 쓰는 방법과 모으는 방법이 중요한 것입니다. 돈을 활용하는 방식에 따라 인생을 보다 풍요롭게, 더 즐겁게 보낼 수 있다면 그 방법을 배워서 실행해야만 합니다.

그렇다고 생애 임금 전부를 '꿈'에만 사용할 수는 없습니다. 의식주 등 살아가는 데 필요한 돈을 할당하지 않으면 안 됩니다. 그럼 실제로는 '꿈의 실현'에 어느 정도의 돈을 배분할 수 있는지 평균적인 지출에서 살펴봅시다.

생애 임금 데이터를 이용해 부부가 생애 생활비를 평균적인 수준으로 지출하는 경우를 계산하면 다음 페이지의 그림처럼 21억 1830만 원을 사용하게 됩니다(2명 모두 중학교를 졸업한 부부의 경우).

'꿈을 실현하기 위해 필요한 돈'을 위해 지출 항목 중 어느 것 하나를 빼거나 줄이기는 힘이 들지도 모릅니다.

하지만 용돈과 교제비가 포함되는 기타 소비 지출과 교양·오락비 등 금액을 조정하기 쉬운 항목을 중심으로 구성하여 생활비 전체에서 10%를 삭감하는 것은 가능할 것입니다.

만일 10%를 줄일 수 있다면, 일반적으로 하는 저축(퇴직 후 대비 포함)에 더해 2억 1000만 원이나 되는 '꿈의 실현을 위한 저축'을 하는 것이 가능합니다.

이 액수는 많은 꿈을 실현하는 데 충분한 금액일 것입니다.

평균적인 부부의 생애 생활비

식비	주거비	수도·광열비	의료비

3억 8890만 원	3억 2690만 원	1억 2720만 원	6390만 원

교육비	보험료	교통·통신비	가재도구비

1억 480만 원	1억 4180만 원	2억 8980만 원	5720만 원

의류 및 잡화비	교양·오락비	기타 소비 지출

7560만 원	1억 7000만 원	3억 7220만 원

※그 외 소비지출의 주요 내역은 용돈, 교제비, 송금

합계 21억 1830만 원이나 지출이 있다

**10% 절약하면 꿈의 실현을 위해
2억 1000만 원의 저축을 할 수 있다**

(출처: 총무성 가계조사)

| 우리들의 저축 현실

그럼 많은 사람들은 어떤 방법으로 돈을 모으고 있을까요?

조사에 따르면 저축 금액에서 부채액을 뺀 금융 자산 평균은, 30대에서는 적자 상태입니다. 40대에 약간 흑자로 돌아서고, 그 후에는 50대, 60대로 나이를 더해가며 흑자가 늘어나게 됩니다.

생애 임금과 저축액의 실태를 보면 사람들의 저축 현실이 보입니다.

20대 결혼 전에는 결혼 자금용으로 돈을 모으고 결혼 후에는 주택 마련을 위한 돈을 모읍니다.

30대, 40대에서 주택 구입과 동시에 고액의 융자를 얻고서, 수십 년에 걸쳐 계속 갚아나갑니다(또는 그동안 모은 돈의 대부분을 주택 구입에 써버립니다).

이와 병행해서 만일의 사태에 대비하기 위해 계속 보험료를 내며, 아이가 태어나면 교육비를 지불합니다.

50대 이후에는 한숨 돌릴 틈도 없이 노후 대비 자금 준비에 박차를 가합니다.

개인이 10억 원, 세대로는 20억 원이 넘는 금액을 벌어들였는데도 정신을 차려보면, 내야 할 돈과 노후 자금 준비에 쫓겨 돈을 전혀 모으지 못한 것입니다. 누구에게 배운 것도 아닌데 이런 생

일반적인 돈 모으는 방법, 쓰는 방법

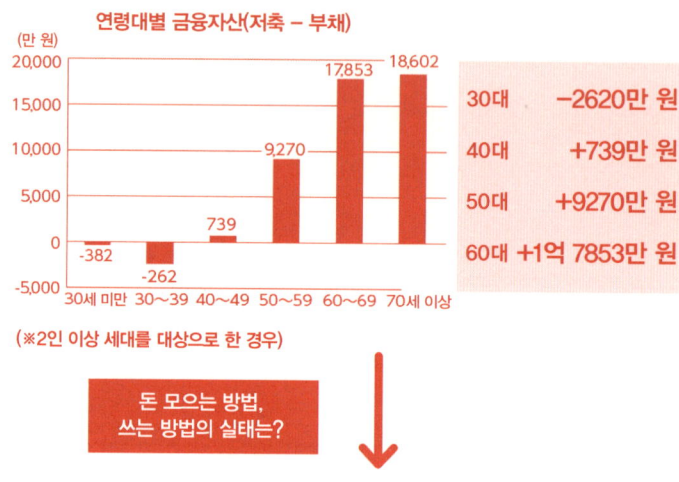

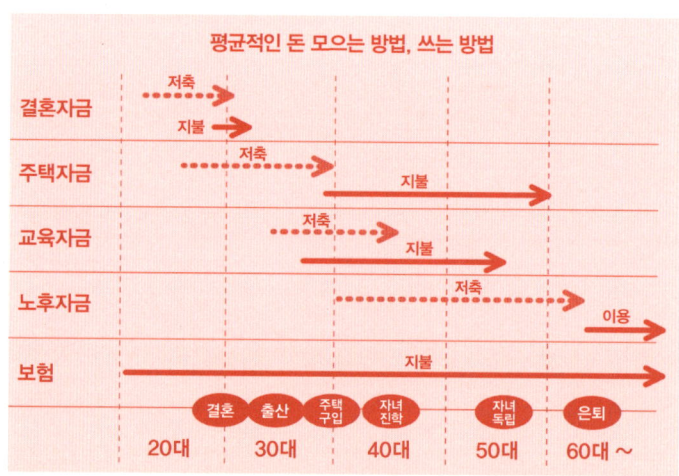

계속해서 지불에 쫓기고 있다!

활을 보내는 것이 마치 표준으로 굳어진 듯이 보입니다. 저는 그냥 이렇게 돈을 줄줄 소비하는 것이 싫습니다.

"자신의 꿈, 가족의 꿈을 하나라도 더, 가능한 한 빨리 실현하기 위해서 돈을 쓰고 싶다."
"어느새 표준으로 굳어진 평범한 돈 모으는 방법·쓰는 방법이 아니라 자신의 목적에 맞도록 돈을 모으고 사용하고 싶다."

저는 이렇게 생각하고 있습니다.
여러분은 이렇게 생각하지 않습니까?

Chapter 03

"왜 나는 돈을 못 모을까?"

Point

완벽한 계획은 세상에 없습니다.
그래서 계획에 변동이 생길 경우 개선이 필요한 것입니다.

모든 실패에는 이유가 있다

계획을 세우기 전까지는 순조로웠는데, 그것을 실행하자니 잘되지 않는 경우가 정말 많습니다. 이것은 저축에 한정된 이야기가 아니라 비즈니스의 세계에서도 마찬가지입니다.

컨설턴트로서 여러 기업의 프로젝트를 진행했습니다만, 몇 개월에서 몇 년에 걸친 계획을, 계획한 그대로 진행하면서 성과를 내는 경우는 10%도 되지 않았습니다.

왜 계획대로 일을 진행해서 성과를 얻지 못할까요?

그 이유로 3가지 요소를 들 수 있습니다.

① 돈을 모으려는 진짜 목적을 모른다
② 현실적인 플랜이 없고 의지력에만 기댄다

③ 개선책을 마련하지 않는다

| 이유① 돈을 모으려는 진짜 목적을 모른다

"1년에 1000만 원 모을 수 있다." "월 30만 원은 더 절약할 수 있다." 서점에 가면 이런 문구를 달고 있는 책이 잔뜩 널려 있습니다.

이런 책을 읽고 실제로 1000만 원을 모으거나 30만 원을 절약할 수 있었다는 분이 얼마나 있을까요? 상당히 적을 것입니다. 적어도 제 주위에는 아무도 없었습니다.

그것은 이런 책들에 적힌 내용이 나쁘기 때문이 아닙니다. 문제는 여러분 자신의 목적에 비춰볼 때, 1000만 원을 모을 필요성과 30만 원을 절약할 이유가 명확하지 않은 것입니다.

1000만 원 저축, 30만 원 절약처럼 '안 하는 것보다야 하는 게 낫겠지'라고 생각하는 것은 당연할 터입니다.. 그러나 '~했으면 좋겠어' 정도의 목적으로는 불충분합니다. 그래서는 정말로 필요한 금액을 도출할 수 없습니다.

저축의 목적에는 자신이 놓인 환경을 감안한 절실한 바람이 필요한 것입니다.

이유② 현실적인 플랜이 없고 의지력에만 기댄다

기세 좋게 저축을 시작했지만 3일도 지나지 않아 꿈을 실현하기 위한 걸음을 멈추는 분들을 많이 보았습니다. 이것은 의지력만으로 목적을 달성하려다가 실패해버리고 마는 전형적인 패턴입니다.

영국의 경제학자 앨프리드 마셜은 "뜨거운 마음과 차가운 머리를 가져라"라는 말을 남겼습니다. 저는 수많은 과제를 뛰어넘어 목적을 달성하기 위해서는 이 '뜨거운 마음과 차가운 머리'가 없어서는 안 된다고 생각합니다.

목적·목표가 뚜렷하고 반드시 달성하겠다는 뜨거운 마음을 가지고 있다 하더라도, 냉정한 머리로 생각해낸 실현 가능한 플랜이 없으면 꿈은 그림의 떡이 되어버립니다.

무리와 낭비가 없는, 현실적이고 효율적인 플랜이 있어야 비로소 목적을 달성하기 위한 길이 보입니다. 차가운 머리와 뜨거운 마음과의 상승 효과가 성과로 이어지는 것입니다.

이유③ 개선책을 마련하지 않는다

아무리 세심하고 탄탄하게 플랜을 세워도 모든 일이 그대로 진행되는 경우는 거의 없습니다. 반드시 생각지도 못했던 사태가 벌어집니다. 하지만 이럴 때 계획을 중단하면 아무것도 실현할 수가 없습니다. 변동이 발생한 그 시점에서 목적 달성에 이르는 길을 다시 확인하고 플랜을 수정하고 개선할 필요가 있는 것입니다.

또 일이 계획대로 진행되고 있는 경우라 하더라도, 계속해서 플랜을 개선하는 것은 중요한 의미를 지닙니다. 개선책이 잘 마련될수록 계획보다 빠른 속도로 저축할 수 있게 되기 때문입니다.

만일의 사태에도 흔들리지 않고 계획대로 일을 추진하기 위해서, 또 계획을 상회하는 효과를 얻기 위해서 실행한 결과를 되돌아보고 계속해서 개선하는 것은 매우 중요합니다.

처음에 세운 목적의 달성을 향해, 끝까지 계획대로 완수해낼 수 있는 사람은 많지 않습니다. 저도 그런 쪽에 타고난 사람이 아니라 몇 번이나 좌절한 경험이 있습니다. 그렇기 때문에 '인간의 의지는 강한 것은 아니다'라는 전제를 하고 생각하지 않으면 안 됩니다.

| 저축 생활에 전략을 세우면 누구라도 돈을 모을 수 있다

지금까지 살펴본 대로 많은 사람이 저축에 실패하는 데는 이유가 있습니다. 한편 제가 월급쟁이면서도 7년간 7억 원을 모을 수 있었던 데도 이유가 있습니다.

저는 로지컬 씽킹과 비즈니스 프레임워크를 사용해서 저축 생활 전략을 세웠고 목표를 향해 나아갔습니다.

저축에 실패하는 사람과 저와의 차이는 이것밖에 없습니다.
컨설팅 회사에서 일반적으로 사용하고 있는 생각과 툴을 사용한다면, 저축은 어렵지 않습니다. 그것들을 잘 이용하면 누구라도 효율적으로 돈을 모을 수 있게 될 것입니다.

Part 2.
7억 원을 모으며 깨닫게 된 것

Chapter 01

대출금
4860만 원에서
시작하다

Point

무조건 절약하며 돈을 모으는 것보다는 목표 저축액을 정해
절약 효과를 확인해나가는 것이 더 효과적입니다.

앞으로 로지컬 씽킹과 비즈니스 프레임워크를 활용해 최대 효율로 저축 생활을 하는 방법을 말씀드릴 것입니다. 돈이 어느 정도 모였을 때를 대비해 저축 생활에 최적화한 자산 운용에 대한 방법 또한 마지막 장에 정리해두었습니다. 하지만 그 전에 제 저축 생활을 뒤돌아보면서 제가 어떻게 돈을 모았는지 그 내용을 소개하도록 하겠습니다.

저는 이 책에 '제 자신의 실제 체험'을 담기로 결심했습니다. 왜냐하면 제가 가진 저축에 대한 모든 노하우는 7년간의 시행착오 끝에 얻어낸 결과이며, 저축 생활의 집대성이라 부를 만한 것이기 때문입니다. 이 노하우가 태어난 이유와 그 효과가 얼마나 높은지를 여러분과 공유하고 싶습니다.

"컨설턴트의 제안은 탁상공론이다."

이런 말을 들은 적도 있지만, 이 책의 내용은 모두 실제 체험에 근거하고 있습니다. "이론적으로 따져보았을 때 이렇게 하면 효율적으로 돈을 모을 수 있을 것이다"가 아니라 현 시점에서 7억 원이 넘는 돈을 모은 실적에 근거하고 있는, 현실에 밀착되어 있는 노하우입니다.

저 자신도 아직 목표에는 도달하지 못했지만 지금은 달성 목표가 눈앞에 있습니다. 제가 앞으로 말씀드리게 될 노하우를 여러분도 실천하면 반드시 지금보다 효율적으로 저축을 할 수 있고, 꿈을 하나씩 실현해 풍요로운 삶에 접근할 수 있을 것이라 확신합니다.

그럼 저의 7년간의 저축 생활의 궤적에 동참해주십시오. 다 읽었을 때, '꿈을 실현하기 위해, 풍요로운 삶을 보내기 위해, 저축 생활을 시작하자'라고 생각하시게 된다면, 제게 더 이상 기쁜 일은 없을 것입니다.

파산 직전에서 시작한 저축

제가 경제적으로 자립한 것은 24살 때입니다.

세상에 첫발을 내딛는 보통의 사회인과 비교했을 때 다소 어려운 시작이었다고 생각합니다. 고등학교 때부터 대학원을 졸업할 때까지 9년간 계속 학자금을 빌린 탓에, 졸업하고 나니 대출 총액이 4860만 원에 이르고 있었기 때문입니다. 제 사정으로 빌린 돈이지만 빚 4860만 원을 짊어지고 사회인으로서 새 출발을 하려니 마음이 무거웠습니다.

참고로 한 조사에 따르면 개인 파산자의 절반 이상이 5000만 원 미만의 대출 때문이라고 합니다. 여러 조건이 다르다손 치더라도 제 대출금 총액은 자기 파산 수준이었습니다.

"학자금을 갚을 수 있을 만큼 우선 저축을 확보하자."

사회인 1년 차였던 저는 그렇게 생각했습니다. 그것이 저축에 대한 첫 접근이었습니다. 생각만으로는 저축을 할 수 없습니다. 행동이 필요합니다.

저는 제 나름대로 낭비라고 생각하는 행위는 극도로 피하고 검소하게만 사는 저축 생활을 2년 정도 계속해나갔습니다. 그러나 지금은 이 2년간을 이렇게 지낸 것을 후회하고 있습니다. 돌아보니 더욱 의미 있게 보낼 수 있었던 시간이었기 때문입니다. 결과적으로 돈은 어느 정도 모였는데 사실은 낭비를 자제한 효과가 얼마나 있었는지 불분명합니다.

어쩌면 그때그때 절약한 기분만 느꼈을 뿐 효과 자체는 별로 없었는지도 모릅니다. 만약 그렇다면 절약을 의식하면서 참고 있던 만큼이 손해인 것입니다.

그때는 한 달에 얼마를 모을지도 설정하지 않았기 때문에, 얼마나 절약이 되었는지도 확인하지 않고 있었습니다. 완전히 자기만족의 저축 생활을 보냈고, '낭비를 하지 않았으니까 돈이 모일 것이다'라고 믿는 저축 생활이었습니다.

목표 저축액을 정해 절약 효과를 확인해나갔다면, 이 2년간이 더 융통성 있고 '의미 있는 저축 생활'이 되지 않았을까 하고 생각합니다.

부부일수록 솔직하게!

이렇게 막연하게 저축을 하고 있던 저도 결혼을 하게 됩니다. 같은 경영 컨설턴트인 아내와 만나 결혼을 한 것은 20대 후반 무렵입니다. 막연하게 저축을 하긴 했어도, 그때는 마지막 한 번만 힘쓰면 남은 학자금 대출을 모두 상환할 수 있을 정도까지 돈을 모은 상태였습니다.

그러나 여전히 빚쟁이라는 것은 변함이 없었습니다.

아내에게는 결혼 전에 40세를 넘을 때까지 매달 20만 원의 상환이 이어질 것이라고 고백했습니다. 소중한 파트너이기에 이른 단계에서 모든 것을 솔직히 털어놓을 필요가 있다고 생각했기 때문입니다.

참고로 이때 아내에게 일괄 상환할 마음은 없다는 의사도 전했습니다. 처음에는 학자금 융자의 일괄 상환을 위해 저축하고 있었지만, 제가 빌린 학자금은 무이자여서 '만일 수중에 있는 돈을 운용해서 매달 20만 원의 이익을 만들 수 있다면, 그 편이 가계에 부담이 적지 않을까' 하고 결혼을 계기로 다시 생각해보게 된 것입니다.

그때에는 아직 '그렇지 않을까?' 하는 막연한 수준이었지만, 이 사고방식은 그 이후의 자산 운용 방침에서 기본 골격이 되었습니다. 그런 신혼 생활을 몇 개월 정도 보내던 어느 날의 퇴근길에 저는 아내에게서 운명의 한마디를 듣게 됩니다.

Chapter 02

아내의 생각에
더
귀를 기울였다

Point
장기간의 저축생활을 견디게 해준 힘은 바로
저, 그리고 가족의 꿈이었습니다.

| **"10년 후, 오키나와에 가서 살자"**

"최대한 빨리 고향 오키나와에 가서 살고 싶어."

아내가 갑작스럽게 말을 꺼냈지만 저는 놀라지 않았습니다. 그때는 진심으로 하는 이야기라고 생각하지 않았기 때문입니다.

그 이후, 종종 "오키나와에 가서 살자"고 아내가 이야기했습니다. 저는 여러 가지로 고민해본 결과, 아내가 정말 진심인지를 확인해야겠다고 생각했습니다.

휴일에 산책 나가는 것은 우리 부부의 취미입니다. 저는 산책을 하며 아내의 뜻이 얼마나 확고한지를 확인했습니다. 아직 구체적이진 않지만 말하는 아내의 표정에서 오키나와에 가는 것을 얼마나 간절히 원하고 있는지 잘 알게 되었습니다.

저는 지금도 이때 제가 취한 행동을 칭찬해주고 싶습니다. 갓 결혼한 저에게 오키나와는 아내의 고향인 것 이외에는 아무 연고도 없는 땅이었기 때문에 사실 이주 자체가 '말도 안 되고' '비현실적인' 제안이었습니다. 하지만 "정년 후라면 몰라도 지금 일을 그만두고 오키나와에서 살다니 무리지"라며 처음부터 부정하지 않고 아내의 생각에 귀를 기울이고 대화를 거듭했습니다.

이 단계를 밟을지 말지는 부부가 발맞춰 함께 인생을 걸어갈 수 있을지 말지로 연결됩니다. 그때 그런 대화가 있었기에 지금의 충실한 생활이 있다고 생각하면 과거의 제 행동에 좋은 평가를 내리고 싶습니다.

| 현지 조사는 필수!

이주 결단은 저희 생활에 큰 변화를 가져옵니다.

제가 지금까지 막연하게 상상했던 것과는 전혀 다른 미래인 것입니다. 안이한 예측과 불확실한 정보로 이주를 판단하면 위험하므로 비용을 들여서라도 직접 조사할 필요가 있었습니다. 아내가 진심으로 고향에 돌아가고 싶어 하는 이상, 애매하게 대응할 수는 없었습니다.

그래서 오키나와를 알기 위한 현지 조사를 시작했습니다.

저는 오키나와에 대해서 가급적 많은 것을 알려고 시도했습니다. 문화와 풍토를 접하기 위해 장인어른, 장모님이 말씀해주는 오키나와 지역 주민의 인간미나, 큰아버님과 큰어머님이 이야기하시는 오키나와의 화제에 귀를 기울였습니다. 또 현재의 오키나와뿐만 아니라 역사에 대해서도 알기 위해 정성을 들여 서적이나 관광지의 설명문도 꼼꼼히 훑어보았습니다.

그렇게 현지 조사를 해나가는 과정 속에서 점점 오키나와가 좋아지는 저를 발견했습니다. 당연히 모든 것이 이상적일 리는 없습니다. 좋아지지 않는 부분, 좀 더 확실히 말하자면 싫어하는 부분도 있습니다. 그래도 여러 번의 실사를 거쳐 제가 알게 된 오키나와의 사람, 풍토, 자연은 매우 훌륭했습니다.

그래서 오키나와 이주는 우리 부부 공통의 꿈이 되었습니다.

오키나와의 현지 조사는 저축 생활을 추진할 에너지가 되었습니다. 당시 오키나와에 가보지도 않고, 오키나와가 얼마나 좋은지 체감하지도 못하고 오키나와에 이주하리라는 꿈을 마음속 깊이 담게 되지 않았더라면 저축 생활 도중에 좌절했을 것이라고 생각합니다.

자신과 가족에게 있어 목적이 얼마나 중요한지 명확하게 했기 때문에, 장기간 저축에 임하면서 흔들림 없이 목표를 향해 달려

갈 수 있게 되었다는 것을 실감하고 있습니다.

| 꿈을 위해 모든 노력을 다하다

오키나와로 이주하기 위해서는 단순히 생각해도 지금까지 손에 넣어본 적 없는 액수의 돈이 필요할 것입니다. 그것은 '막연하게 하는' 저축으로는 결코 모을 수 없는 금액입니다.

"꿈을 실현하기 위해 어떤 노력도 아끼지 않는다."

이 말이 얼마나 지키기 어려운지 컨설턴트를 하고 있는 저희 부부는 잘 알고 있습니다. 처음에는 강한 의지가 있어도 그 생각은 시간이 지남에 따라 사라지고 어느덧 목표로 가는 걸음을 멈추게 됩니다. 또한 저는 일하는 현장에서 프로젝트가 무리한 기획으로 무산되는 것을 지겨우리만큼 많이 봤습니다. 보통 수준의 열정으로는 이후에 닥쳐오는 어려움을 헤쳐 나갈 수 없습니다.

저희는 수십 시간 이상의 시간을 들여 서로의 각오를 조율했고, 결국 이 꿈에는 두 사람이 노력할 가치가 있다는 것을 확인했습니다.

비관적일 필요는 없지만 어려운 상황은 항상 가정해두는 것이 중요합니다. 크고 소중한 꿈일수록, 적당히 해서는 실현할 수 없습니다. 그만큼 세상은 만만하지 않은 것입니다.

Chapter 03

큰 부담 없이
저축을
하고 싶었다

Point

부부의 경우, 자산을 합쳐 모으면 그 효과는 두 배 이상으로 높아집니다.

저축 생활과 비즈니스의 공통점을 찾아내다

"저축=인내하는 것? 그런 측면이 있는 것은 부정할 수 없다. 그러나 큰 부담을 느끼지 않고 저축하는 방법은 없을까?"

정작 저축을 하려고 하니까 이런 생각이 머리를 스쳤습니다. '이왕이면 편하게 모으고 싶다.' 언뜻 보기에 나태한 생각 같지만, 장기전에서는 중요한 관점입니다.

부부가 같이 효율성 있게 돈을 모으는 방법을 이것저것 도모하던 중에 깨달은 것이 있습니다. '얼마나 모을 것인지 목표를 정하고, 이를 위해 수입을 늘리거나 절약하는 방안을 생각해 실행한다. 그리고 매달 얼마가 모이는지 확인해서 문제점을 파악하고, 거기에 적합하게 생활을 돌아보고 목표를 향해 나간다.' 이것이 비즈니스에서 일을 진행하는 방식, 그 자체라는 것입니다.

저축 생활과 비즈니스에서 해야만 하는 요소는 똑같은 것이었습니다.

그리하여 사업을 효율적 추진하기 위한 컨설팅 기법을 저축에도 쓰기로 결심했습니다. 우리 부부의 장점을 살려 꿈을 위한 저축 생활의 기본 방침을 정하게 된 것입니다.

| 저축 체질부터 확인하라

말도 안 된다고 생각한 저축에서도 '싸우는 방법'을 알면, 공략이 가능합니다.

처음에 정리한 내용은 저희 부부의 저축 실행력입니다. 저축 생활을 해나가던 중에 '유리한 부분'과 '부족한 부분'을 밝혀 돈을 모으는 작전을 효율적으로 만들어야겠다고 생각했습니다.

저축의 실행력을 파악하던 때 가장 먼저 떠오른 프레임워크가 매킨지의 7S입니다. 다음 페이지의 표는 7S에 따라 정리한 저희들의 당시 현황 분석 결과입니다.

항목에 따라 결과는 제각각이었지만 가장 중요한 가치관이 확실히 정해져 있었기 때문에 나머지 항목이 불완전하더라도 저축

저축 생활을 시작할 당시의 저축 체질
(7S를 활용한 정리)

7s	체크 내용
① 전략 Strategy	꿈의 실현을 향한 구체적인 전략은 아직 보이지 않는다.
② 조직 Structure	비교적 급여 수준이 높은 편이다. 한편 두 사람 모두 업무상 시간의 제약이 많다.
③ 시스템 System	가계부와 자산 관리부 등을 사용해본 적 없다.
④ 가치관 Shared Value	가치관은 모두 공유할 수 있다.
⑤ 스킬 Skill	업무상 두 사람 모두 숫자에 강하고, 가설 구축, 현황 분석과 과제 정리, 개선 대책 입안, 평가 등의 스킬은 갖고 있다.
⑥ 인재 Staff	절약이나 저축의 지식은 웹 사이트에서 읽을 수 있는 일반적 수준밖에 되지 않는다.
⑦ 스타일 Style	아직 막연하지만 목표 달성을 위해 참을 각오는 되어 있다.

을 진행하기로 결정했습니다.

80대 20의 법칙을 의식한 판단이었습니다. 완벽함을 추구해서는 아무리 시간이 지나도 시작할 수 없으므로 합리적으로 시간을 쓸 수 없습니다. 다만 0점이었던 시스템 부분을 개선하기로 결정하고 결국 필요한 재산의 현황 정리(자산 관리 장부 작성)를 실시했습니다. 이 시점에서는 수고와 시간을 들이면서 가계부까지 쓸 필요는 없는 것 같아 작성을 보류하고 있었습니다.

시스템 다음으로 0점에 가까운 항목은 전략이었지만 구체적인 전략에 대해서는 저축 생활을 시작하고 좀 더 정보를 모은 다음에 검토해야겠다고 생각했습니다.

| '자산 관리 장부'의 작성

7S의 분석 결과에서 확인된 것처럼 저축 생활을 시작하려던 시점에서, 저희는 서로의 자산 상황을 모르고 있었습니다.

   부부라도 상대방의 통장에 돈이 얼마나 들어 있는지를 확인하는 것은 좀 민망한 일입니다. 하지만 현재 상황을 제대로 알지 못하면 꿈을 실현하기 위해서 도대체 돈을 얼마나 모아야 하는지 알 수가 없습니다.

자기 상황을 정확히 알지 못하면 '저축을 할 것인가' '대출을 상환할 것인가' 어느 쪽의 행동을 취해야 하는지조차 결정할 수 없습니다. 이래서는 출발선에도 설 수 없습니다.

   처음에는 자산 공개를 꺼리던 아내였지만, 현실과 목표의 차이를 파악하기 위해 먼저 말을 꺼냈습니다. 같은 컨설턴트로서 현황 파악의 중요성은 설명할 필요도 없이 잘 알고 있었습니다. 그래서 서로의 자산을 공개하게 되었습니다. 이때 확인할 것은 은행 예금뿐만이 아닙니다. 수중의 전 자산을 확인하기 위해 서로의 재형저축과 주식의 현재 평가 금액을 더해서 자산 관리 장부를 만들었습니다.

   그때의 결과는 다음 페이지의 표와 같습니다. 서로 3년 이상 일해서 모은 합계 금액은 1억 원 이하였습니다. 만일 계속 이 페이

2007년 당시 부부의 '자산 관리부'

항목		2007년 4월
자산	예금	52,000,000
	현금	1,200,000
	저축형 '보험	0
	유가증권	8,000,000
	집	0
	자동차·오토바이	0
	부동산(집 외)	0
	그 외	1,000,000
부채	주택 담보 대출	0
	자동차 할부	0
	교육 자금 대출	0
	학자금 융자	43,000,000
	카드 대출	0
	기타	0
순자산		19,200,000

(단위: 원)

스로 모은다면 새로 3억 원을 모으는 데는 10년이 걸립니다. 우리의 꿈에는 더 빠른 스피드가 필요했습니다. 편한 길은 아닐 것이라며 마음을 다시 다잡게 되었습니다.

부부라면 합쳐서 모으는 게 유리

우리는 자산 공개를 계기로 가계를 '개별 관리'에서 '부부 합산'으로 바꿨습니다. 최대의 목적은 7S에서 확인한 2가지 장점 아내와 나라는 '2동력'과 '컨설팅 스킬' 효과를 극대화하는 것입니다.

즉 가계의 전체 모습을 투명하게 만들고, 계획·행동·평가·개선(Plan, Do, Check, Action ; PDCA)에 필요한 정보를 두 사람 모두 보기 쉬운 형태로 정비하고 능력을 최대한 발휘할 수 있는 환경을 만든 것입니다. 서로가 가계의 전체 모습을 파악하게 된 이점은 기대 이상이었습니다.

기본 바탕이 되는 정보를 공유해서 PDCA 사이클을 부드럽게 돌릴 수 있게 된 것은 물론이고, 지금 돌이켜보니 가장 컸다고 생각하는 효과는 '부부가 함께 저축 생활을 하다 보니, 강한 책임감이 생겼다'는 것입니다.

부부 중 어느 한쪽만 가계를 파악하고 있거나, 혹은 상대의 돈의 출입을 모르는 상황에서는 어딘가 상대에게 의존하는 상태가 되고 아무래도 책임감이 희박해집니다.

그러나 자기가 모르는 정보가 없고, 부부가 서로 같은 정보를 공유하는 상황에서는 계획대로 저축이 진행되지 않는 경우, 그 책임이 다른 누구도 아닌 '자신들에게', 혹은 '자신에게' 있다는 것을 자각할 수밖에 없습니다.

자신의 일로 인식하는지 남의 일이라고 인식하는지에 따라, 평소 노력할 때나 궁지에 몰렸을 때 버티는 정도가 전혀 다릅니다. 서로의 사생활을 존중하는 관점에서 서로에게 가계를 투명하게 공개하는 것을 꺼리는 분도 많을 것입니다. 그렇지만 저축 생활에서 부부 합산을 한 진정한 가계는 틀림없이 큰 효과를 가져옵니다. 저는 실제 체험을 해보았기 때문에 더욱 확신합니다.

'7S로 저축 체질 파악' '자산 관리 장부를 작성해 보유 자산 확인' '진정한 가계 구축'과 같이 저축 생활의 기반을 닦은 바탕에서 드디어 진정한 저축 생활이 시작되는 것입니다.

Chapter 04

돈 때문에 싸우느니, 절약 안 하는 게 낫다

Point
금액이 적고 힘이 드는 절약보다는
자신의 라이프 스타일에 맞는 절약 방법을 찾아 실행하는 것이 좋습니다.

가계부를 쓰니 사라진 돈을 되찾았다

저축 생활을 시작하고 1개월 후.

낭비하지 말자고 의식하고 있었음에도 불구하고 뒤돌아보면 무엇에 썼는지 생각나지 않고 용도도 알 수 없는 돈이 지출의 3할을 넘고 있었습니다. '도대체 어디에 사용했을까?' 전혀 기억이 없어 스스로도 놀랐습니다. 동시에 '저축 생활을 시작하지 않았으면, 용도 불명의 돈이 있다는 존재조차 인식 못 하고, 대충 돈을 소비하는 생활을 했을 것이 아닌가?' 싶어서 저는 그 상황을 파악한 것만으로도 벌써 저축 생활의 보람을 느꼈습니다.

수중의 돈 30%가 용도가 분명하지 않게 쓰인 것은 큰 문제입니다. 어떻게 개선할지 방법을 생각할 필요가 있었습니다. 개선 방법을 생각하기 위해 우리는 우선 가설을 세워보았습니다. 기억에 남아 있지 않다는 것은 다음의 경우를 의미한다고 볼 수 있습니다.

- 스스로에게 중요한 쇼핑이 아니었을 가능성이 높다
- 매번의 소비가 인상에 남지 않는 작은 금액이다

우리는 작은 돈의 지출을 정확히 파악할 필요가 있다고 판단해 귀찮다고 보류했던 가계부를 써야겠다고 결의를 다졌습니다. 이는 저축을 의식하고 생활을 하고 있음에도 불구하고 빠져나간 돈의 흐름을 파악하기 위한 시도입니다.

'만약 용도가 불분명한 30%나 되는 돈을 저축으로 돌릴 가능성이 있다면 해볼 만한 가치가 있다.' 이렇게 생각해서 가계부를 작성하기로 결단을 내렸습니다.

'사실을 파악하고, 비로소 뛰어난 개선책을 마련한다.' 컨설턴트라면 지겨울 정도로 자주 경험하는 일입니다.

가계부를 쓰기 시작해 불과 1~2주 만에 그 효과를 확인할 수 있었습니다. 용도가 불분명한 돈 대부분은 배가 고플 때 사먹은 과자, 일하는 중간에 마신 커피, 돌아오는 전철에서 시간을 보내기 위해 산 비즈니스 잡지나 소설책 등에 들인 돈이었습니다.

하나하나 따지고 보면 큰 금액이 아니지만 2, 3일만 지나도 바로 수만 원의 금액이 됩니다. 휴식을 위한 간식, 자기 투자를 위한 책값으로 다룰 수도 있었지만, 냉정히 따져보면 대부분이 낭비에 불과했습니다.

저희의 저축 생활은 상당히 낮은 수준에서 시작한 것이었다고 할 수 있습니다.

가계부는 용도가 불분명한 돈을 파악하는 것 외에도 큰 역할을 했습니다. 돈의 사용법이 드러나니 다른 집의 가계와 비교해 절약 포인트를 찾을 수 있게 된 것입니다.

가계부를 쓰기 시작해 3개월 경과했을 무렵, 각 지출 항목의 평균치를 계산해 저희 집 씀씀이의 경향을 조사해보았습니다. 컨설턴트는 데이터 분석을 할 때 타사와의 비교를 자주 합니다. 이와 마찬가지로 저희들은 총무성의 가계 조사 보고서의 데이터를 사용하여 다른 가구의 평균 생활비와 저희 집 생활비를 비교했습니다.

다음 페이지의 그림은 그 비교 결과입니다. 식비, 주거비, 가구·가재도구비, 의복 및 잡화비와 절약 여지가 있는 항목이 일목요연하게 정리되어 있습니다.

절약할 항목이 보이면 저축을 위한 방책을 생각하기 쉬워집니다. 이때가 저축 생활을 시작해서 5개월 정도 경과하고 있었을

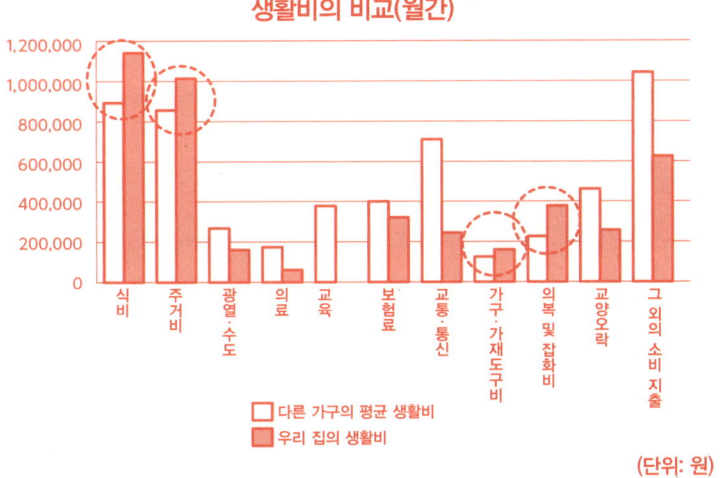

때입니다. 불완전했던 7S의 요소도 상당 부분이 정리되었다고 느낀 저는 저축 생활을 본격화하기 위해 구체적인 전략을 마련해 꿈을 실현하기 위한 로드맵을 만들겠다고 결심했습니다.

| 저축은 장기전이다!

전략을 구체적인 행동 계획에 적용시키면서 어떤 순서대로 진행해야 할지를 고민하던 저는 다음과 같이 생각했습니다.
'이번처럼 큰 프로젝트를 하려면 의도하지 않아도 목적과 실제

행동이 괴리되어버리는 경우가 있다. 착실히 진행시키려면 기업 피라미드의 개념을 도입하고 목적, 목표, 전략 계획, 행동의 일관성을 유지하는 것이 중요하다.'

이때 처음으로 목표를 확실히 그리는 작업에 착수했습니다. 부부 공통의 목표를 설정하기 위해서는 대화가 중요합니다. 대화 도중 여러 가지 아이디어를 공유하고, 때로는 간단한 시뮬레이션을 하면서 내용을 채워갑니다. 그래서 최종적으로는 다음과 같은 목표를 설정했습니다.

- 임금 인상을 고려해 10년간 10억 원의 유동성 자산을 만든다
- 안정·안전을 중시하는 자산 운용으로 연간 3000만 원의 수입을 얻는다
- 자산 운용의 수입을 오키나와에서 쓸 생활비의 기반으로 삼는다
- 아이가 생긴 경우는 계획을 2년 후로 늦춘다
- 오키나와에서는 반드시 일에 종사하고(자신을 위해 새로운 분야에 도전), 돈에 여력이 생기면 여행한다

이렇게 '최대한 빨리 오키나와에 이주한다'라는 목적은 '언제까지 얼마를 모으고, 오키나와 이주 후에는 이렇게 생활을 한다'는 수준까지 구체화된 목표로 한 단계 더 나아가게 되었습니다.

다음은 목표에 도달하기 위한 전략의 입안입니다.

우선 돈을 모으기 위해 어떤 방법이 있는지, 그 전체의 모습을 이해하는 데서 시작할 필요가 있다고 생각했습니다. 돈을 늘리기 위한 수단을 로직 트리로 정리해 검토했고 다음과 같이 전략을 정리했습니다.

- 수입: 컨설턴트라는 본업에 전념해서 좋은 평가를 받으면 매년 500만 원 정도의 임금 인상(가구로는 1000만 원 임금 인상)이 예상된다. 일을 소홀히 하지 않고 부부가 같이 적극적으로 서로 도와서 좋은 업무 평가를 받아 임금이 인상되는 것을 목표로 한다
- 절약: 모든 부분에서 할 수 있을 만하므로 전 항목에서 실시한다

※ 하지만 이 2개의 판단은 모두 실패해서, 나중에 수정하게 됩니다.

수입 증가와 절약, 두 가지 측면에서의 효과를 예상해 다음 페이지의 그림처럼 구체적인 저축 금액을 정하고 최종적인 연간 목표를 설정했습니다. 이제 그 다음은 PDCA를 의식하고 계획대로 진행하면 되는 것입니다.

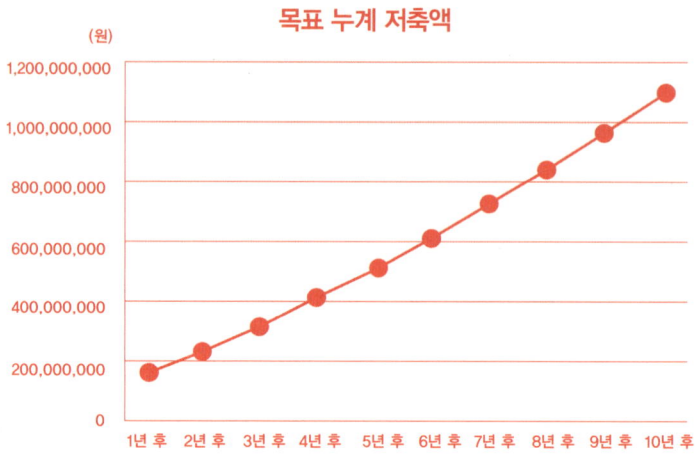

시행착오① 회수권 사건

전철을 이용하는 저는 교통비에서 절약의 여지가 있다고 생각했습니다. 평소 쓰던 정기권을 계산상 유리한 회수권으로 바꾸어 이용해보기로 했습니다. 정기권과 달리 회수권은 여러 장의 티켓을 한꺼번에 구매하면 같은 비용에 티켓을 추가로 더 주는 장점이 있었습니다. 그러나 이 방법은 대실패였습니다. 실제로 회수권을 써보니 '구입' '휴대' '보충' '기한'과 같은 세세한 부분에 신경을 써야 해서 의외로 관리가 귀찮았던 것입니다.

또 결정적으로 좋지 않은 점이 있었습니다. 관리가 귀찮은 회수권을 억지로 써가며 1개월에 1만 원을 절약하던 와중에 아내가 회수권을 잃어버린 적이 있었습니다. 누구나 실수는 할 수 있다는 것을 알면서도 노력이 물거품이 되는 걸 넘어서 오히려 손해까지 났다고 생각하니 상대를 비난하고 싶어졌습니다. 고작 1만 원입니다만, 들인 노력이 크다 보니 짜증이 나버렸습니다. 이렇게 짜증을 내면서 저축 생활을 지속할 수는 없습니다.

회수권을 이용한 교통비 절감은 과도하게 관리에 신경을 써야 하는 것도 모자라 분실, 기한의 리스크까지 있었지만 이득은 별로 없었습니다. 그래서 3개월 만에 회수권의 이용을 그만두고 정기권 이용으로 돌렸습니다.

| **시행착오② 전기 ON/OFF 사건**

- 부지런하게 스위치를 켜고 꺼서 전기 요금을 절약하기
- 샤워 중에는 절수에 신경 쓰기
- 요리할 때, 화력 조정으로 가스 요금 절약하기

절약 책에 소개된 방법을 많이 실행해봤습니다만, 결론부터 말하자면 이 시도도 실패했습니다. 이유는 3가지가 있습니다. 첫 번

째는 효과를 파악할 수 없다는 점입니다. 절약 기간 동안 더운 날이 많아서 에어컨을 평소보다 많이 이용한다던가 하는 외부 요인들이 있으면, 절약 금액이 적기 때문에 그 효과가 묻혀버립니다.

두 번째는 절약 효과는 낮은데 매일의 생활은 예상 이상으로 불편해진다는 점입니다. 절수, 절전을 항상 의식하는 생활은 꽤 힘이 듭니다.

세 번째는 반드시 절약이 되지는 않는다는 점입니다. 가전제품 중에는 켤 때 대량의 전력을 소비하는 유형이 있어서, 한 번 켜서 안정적으로 가동하면 부지런히 스위치를 켰다 껐다 하는 것보다 그대로 켜두는 편이 더 전기가 절약되는 경우도 있습니다.

결국 수고만 많이 하고 얻는 것은 적다고 판단한 저희들은 수도·광열비의 절약을 그만두었습니다.

| 계획→실행→평가→개선

가능하면 실패는 미리 피하고 싶지만 모든 일이 마음처럼 되지는 않습니다. 시도를 했는데 잘 안 되는 경우는 아무래도 발생하기 마련입니다. 이런 때에 중요한 것이 PDCA입니다. 절약을 실행하면 반드시 결과를 되돌아보면서 효과가 없는 것, 스트레스가 되는 것, 효율이 나쁜 것은 개선할 필요가 있습니다. 개선 및 재

검토를 하지 않으면 답답한 생활이 영원히 이어집니다. 그래서야 저축 생활을 계속할 수 없습니다.

저도 모든 상황에서 계획 → 실행 → 평가 → 개선의 PDCA 사이클을 돌려 절약 행동의 무리·낭비·편중을 줄이고 또 줄이며 최적화를 했습니다.

또 처음에는 잘되리라고 생각한 모든 방법에 손을 댔지만, 실제로 저축 생활을 시작해 이것저것을 전부 망라하는 절약은 오히려 효율이 나쁘다는 것을 알게 된 저는 방법에 우선순위를 부여하는 일에 돌입합니다.

가로축에 1개월간 지출액, 세로축에 다루기 쉬운 정도를 좌표로 해서 지출 항목을 분류했습니다. 이 작업을 통해 효율적으로 삭감할 수 있는 지출 항목을 확실히 밝혀냈습니다.

당시에 정리한 결과가 다음 페이지의 그림입니다.

이렇게 정리하고 나니 쓸모없고 효율이 나쁜 부분에 노력을 할당했다는 사실을 새삼 깨달았습니다.

우선순위를 부여한 결과와, 앞에서 다른 세대와 지출을 비교했던 결과를 토대로 주거비, 식비, 보험, 용돈을 중점 절약 항목으로 정했습니다. 물론 절약 항목을 압축하더라도 계획의 진척에 영향을 주지 않는다는 것을 확인한 후에 내린 결정입니다.

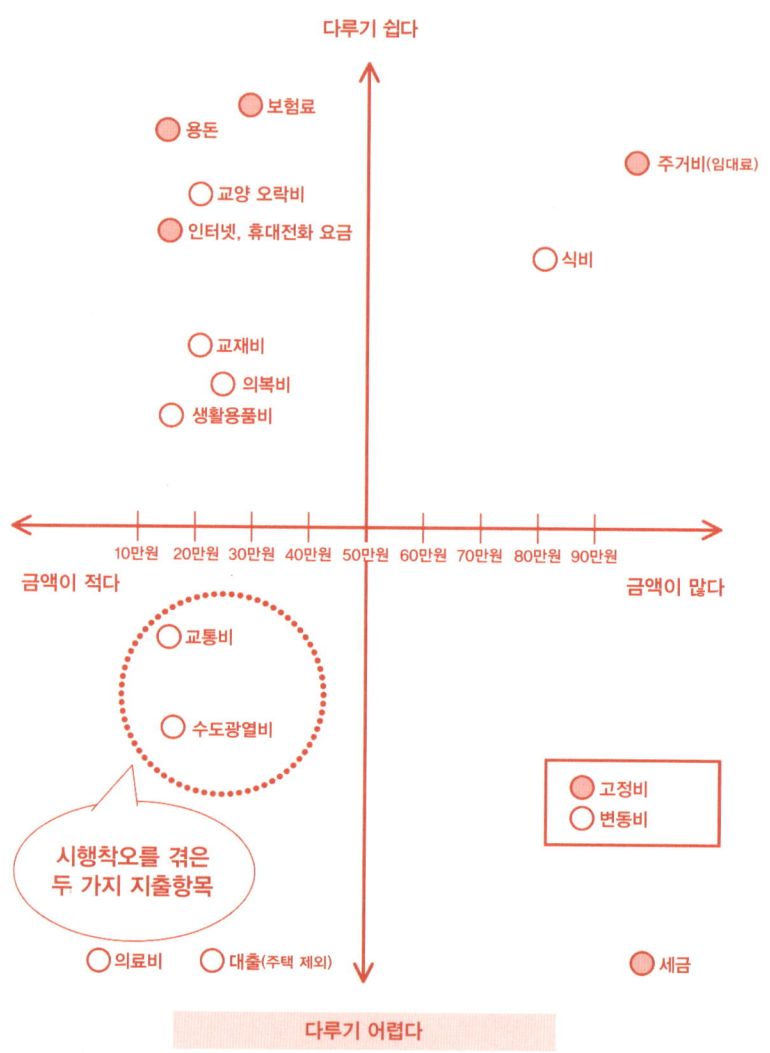

12가지 항목의 '가계부' 탄생

저는 저축 생활을 시작한 후 1년이 좀 넘도록 유제품 1880원, 고기 3570원, 이런 식으로 상세하게 가계부를 작성하고 있었습니다. 가계부는 분석해야 본래의 가치를 발휘하기 때문에 어떤 분석에도 대처할 수 있도록 세세하게 비용 명세를 적은 것입니다.

그러나 영수증의 명세마다 금액을 기입하다 보니 작성에 시간이 걸리고 힘이 들었습니다. 어떻게든 노력을 절감할 수 없을까 생각한 저는 과거 1년간의 분석을 돌아보며 개선 포인트를 찾았습니다.

1년간의 분석에 필요한 것은 식비, 주거비, 수도·광열비와 같은 큰 묶음의 비용 명세였지, 유제품 매입 가격의 추이나 육류의 월 평균 구입 가격 등 세세한 항목의 가격은 한 번도 사용하지 않았습니다.

어차피 필요 없는 정보라면 자세한 비용 명세로 적지 말고 식비, 의복비, 주거비 등의 큰 항목별로 나누는 것이 낫겠다고 생각해 가계부에 기록하는 항목을 12가지로 압축했습니다. 그러자 기대한 이상으로 가계부의 작성 작업이 개선되어서 1주일분을 3~5분 정도에 전부 기입할 수 있게 됐습니다. 그동안 가계부 작성에 걸린 시간의 10분의 1입니다.

또 이 무렵이 되자 슈퍼마켓에서 비싼 건전지와 세제를 사는 등의 낭비를 하지 않고, 건전지는 가전 양판점, 세제는 드러그스토어에서 싸게 사는 등의 습관이 몸에 뱄습니다. 그래서 하나의 영수증에 식비와 생활용품비 등 여러 항목이 혼재하지 않게 되었습니다. 이로써 가계부 작성은 영수증의 합계 금액을 단순히 해당하는 항목에 기입하면 되는, 매우 쉽고 편한 작업이 되었습니다. 1년이 넘는 시간에 걸쳐 저축 생활에 도움이 되면서도 약간

12가지 항목의 가계부

2014년 5월의 가계부

※ 1 소득세, 사회보험료 등 제외
※ 2 반려동물 비용은 반려동물이 병에 걸리면 치료비가 늘어나는 시기가 있으므로 별도 항목을 세워서 관리한다.

항목	금액(원)
수입	11,857,030
식비	461,100
의복비	89,700
주거비	990,000
수도·광열비	129,240
의료비·생활용품비	213,840
통신비	171,000
교통비	38,400
교양·오락비	513,330
교제비	0
보험료·세금 ※ 1	87,520
그 외 지출	202,750
반려동물 관련비 ※ 2	66,460

만 노력해도 작성할 수 있는 가계부가 완성된 것입니다.

| **변수는 반드시 있다**

순조롭게 진행되고 있던 저축 생활이었지만, 곧 큰 벽에 부닥치게 됩니다. 2008년 일어난 리먼 사태(서브 프라임 모기지론 사태) 때문이었습니다. 일본도 환율 등 여러 가지에서 영향을 받아서 차차 경기가 악화되었습니다. 컨설팅 업계도 예외는 아니라서 2009년 무렵부터 수주 물량과 매출이 크게 떨어지게 되었습니다.

당시 제가 재직하고 있던 컨설팅 회사도, 아내의 컨설팅 회사도 실적이 부진해 연봉이 한계점에 도달한 상황이 되었습니다. 우리의 저축 계획은 임금 인상을 가정해서 반영한 것이라 연봉이 제자리라면 목표 도달을 하기가 곤란했습니다.

또 회사의 실적이 나빠졌음에도 불구하고 저도 아내도 이전과 다름없이 바빠서 주말을 이용한 부업 같은 것을 통해 즉각적인 대안을 전개할 수 없는 상황이었습니다. 불황은 금방 회복되지 않았고 시간이 지나갈수록 계획했던 금액과 실제 저축액의 괴리는 커졌습니다.

'무슨 방법을 쓰지 않으면 안 되겠어……'

이렇게 생각하고 있을 때였습니다. 아내가 사업 회사(공업, 광업,

운수업, 수산업 따위의 생산업을 경영하는 회사 혹은 특수한 회사 밑에서 실제로 사업 경영을 하는 회사)로부터 이직 권유를 받았습니다. 아내가 평소에 매력적이라고 생각하던 회사의 제안이었습니다.

저축 계획은 컨설턴트로서의 연봉을 기반으로 하고 있었기 때문에 이직에 따른 연봉 하락과 인상률의 저하가 계획에 미치는 영향은 컸습니다.

반면에 상황을 감안하면 컨설턴트를 계속한다고 해도 언제 예전 같은 연봉으로 돌아갈 수 있을지 알 수 없었습니다. 적어도 사회의 경기가 좋아지고, 기업의 실적이 회복된 다음이라고 생각하면 2~3년, 어쩌면 5년 이후일지도 모릅니다. 우리의 계획은 10년입니다. 2~3년이라 할지라도 그 타격은 치명적입니다.

대화를 한 결과 이직을 하든 안 하든 비슷한 정도의 리스크를 안고 있다고 판단한 저는 '저축도 중요하지만 무엇보다 원하는 일에 도전할 기회는 귀중한 것'이라고 생각해 이직에 찬성했습니다.

아내가 이직하고 몇 달 뒤 저도 이직을 결심합니다. 최대의 목적은 연봉 인상이었습니다. 그래서 같은 업계의 외국계 기업에 입사를 하기로 결정했습니다.

저축 목표를 달성하기 위해 수입을 늘릴 방안으로 염두에 두었던 이직이었습니다만, 그렇다고 해서 연봉 인상만이 목적이었던 것은 아닙니다. 일본계와 외국계 컨설팅 기법에 어떤 차이가 있는지 궁금했고 이를 공부하기 위한 이직이기도 했습니다.

두 사람이 이직하면서 받은 퇴직금과 오른 수입으로 계획과 실적의 괴리를 메워 궤도 수정을 할 수 있었습니다. 아래의 그림에는 이때의 궤적을 담았습니다. 과거 저축 금액의 추이가 한눈에 담겨 있습니다. 그래프에 기재한 것처럼 저는 외국계 기업의 컨설턴트로 1년 반 정도 일한 뒤 아내와 같이 원하는 일에 도전하기 위해 두 번째 이직을 했습니다.

이직으로 정신이 없던 기간, 우리 부부는 처음 계획을 변경할지 말지를 두고 같이 논의하는 시간을 가졌습니다. 저축이 계획대로 진행되지 않으면 부부의 생각에도 어딘가 어긋나는 기미가 생깁니다. 마음의 엇갈림은 목표로 가는 걸음을 멈추게 하는 가장 큰 요인

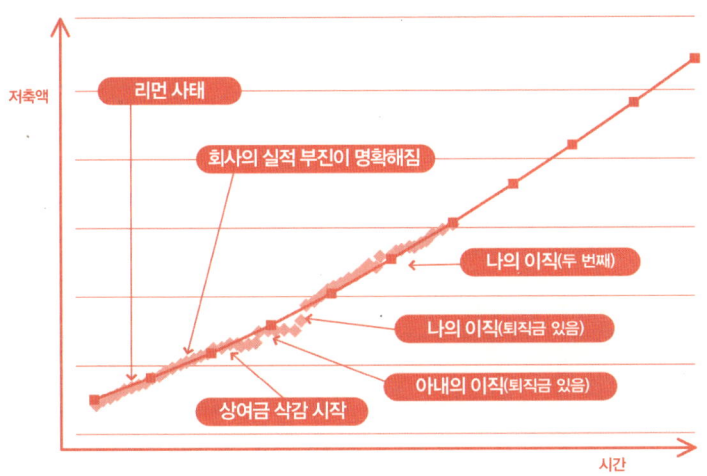

저축의 궤적

입니다. 즐겁게 해왔던 저축 생활에 먹구름이 끼어버렸습니다.

지향하는 목표가 같아도 두 사람의 생각은 다를 수 있습니다. '아직은 더 노력할 수 있다고 생각하는가, 여유를 갖기 위해 계획 기간을 좀 늘려야겠다고 생각하는가.' 이렇게 두 사람의 의견은 나뉠 수 있습니다. 이런 상황이 되면 공통의 꿈을 향해 가고 싶은 마음은 같을 텐데, 상대가 하는 말이 틀린 것도 아닌데, 어느 부분에서인가 짜증이 납니다.

이런 때는, 그래서 더욱 대화를 해야 합니다. 상대에게 화가 났을 때야말로 상대와 마주보고 대화하지 않으면 안 됩니다. 반복해서 말하게 되지만, 흔들림 없이 명확한 목표를 함께 세웠다면 작은 차이가 있을지라도, 결국 두 사람은 같은 방향을 향해 걷고 있는 것입니다. 두려워할 것은 아무것도 없습니다. 서로 잘 이야기해 두 사람 모두가 납득이 가는 형태를 찾아내면 되는 것입니다.

저희는 다음과 같이 이야기를 나눴습니다.

"1년이나 2년, 계획이 지연되더라도 상관없어. 여유를 가지고 살고 싶어."

"달성 시기를 연기하는 것도 한 방법이야. 하지만 그 전에 할 수 있는 일이 있지 않을까? 저축 생활을 시작할 때 어려움은 각오하고 있었잖아. 할 수 있는 일을 최선을 다해서 한 것인지가 의심스러워."

"무리하게 계획에 맞추려고 저축하려다가 생활이 뒤틀리게 만들지 말고 오키나와 가는 시기를 미루면 되잖아."

"아이가 생긴 것도 아니고 어느 한쪽이 일할 수 없게 된 것도 아니잖아. 치명적이지도 않은 이유로 계획을 변경하면 달성할 계획도 못하게 된다고. 지금 버티지 않으면 다음에 또 벽에 부딪칠 때도 계획이 지연될 것 같아. 두 사람의 협동 프로젝트를 그런 식으로 끝나게 할 수는 없어."

"그럼 다시 한 번 목적과 목표로 돌아가보자."

이때 어느 쪽을 선택하는 것이 정답이었는지는 지금도 모르겠지만, 저희는 대화를 거듭한 결과 한 번 더 지금의 생활을 검토해서 할 수 있는 것을 해보기로 했습니다. 그렇게 해도 도저히 안 되면 계획을 지연하기로 말입니다.

Chapter 05

돈 모으기, 제3의 히든카드를 획득하다

> *Point*
> 자산 운용의 핵심은 무조건 안전입니다.

안전한 자산 운용을 더한 3동력의 저축

3억 원이 좀 안 되는 저축이 생겼을 무렵의 일. 연봉 인상이 둔화되면서, 계획을 지연할지 말지 검토하고 얼마 지나지 않아서의 일입니다.

저와 아내는 계속 조사하고 있던 자산 운용 상품에 투자를 결정했습니다. 로(low) 리스크에 장기 보유를 전제로 한 상품으로, 수익률은 2~4%대로 높지 않지만 상품의 안정성과 유동성이 높다는 것이 마음에 들어 결심했습니다. 소중한 저축을 투자하는 것이니 만큼 시간을 두고 미리 조사해서 신중에 신중을 거듭해 선택한 결과였습니다.

2억 원으로 운용을 개시하고 1년 후, 900만 원을 조금 밑도는 이익을 얻었습니다. 환산하면 월 70만 원의 수입입니다. 매월의 식비 분을 충당할 금액이라고 생각하니 정말 기뻤습니다. 그 3년 후에 똑같은 로 리스크의 상품에 새로 2억 5000만 원을 투자해 현재는 연간 1600만 원이 넘는 수입을 얻을 수 있게 되었습니다.

이 금액은 우리의 저축 생활에 큰 역할을 하고 있습니다. 세금은 빠지겠지만 나머지는 전부 저축으로 돌릴 수 있습니다. 연간 1600만 원은 월 130만 원이 조금 넘는 수입이 되므로, 시간제 아르바이트를 하는 수입과 비슷한 수준에 이릅니다.

이제 나의 소득, 아내의 소득의 2동력이 아니라 자산 운용의 수입이 더해진 3동력으로 저축하고 있는 것입니다.

저는 사회인이 된 후 지금까지 FX마진 거래(Foreign Exchange, 외환마진거래)나 주식 투자 신탁 등 여러 상품으로 자산 운용을 해왔습니다. 처음 시작할 때는 불안하기도 했고, 솔직히 말하면 귀찮다고 느낀 적도 있습니다. 하지만 시간을 내어 공부하고 실제 투자를 통해 쌓은 경험은 피가 되고 살이 되어 제 속에 노하우로 축적되어 왔습니다.

저는 "저축 생활을 할 때는 로 리스크 상품밖에 선택 사항이 없다"라고 확신하고 끈질기게 운용했고, 그 결과가 지금까지도 이어지고 있습니다. 아직은 연간 목표 이익 3000만 원의 절반 정도입니다만, 계속 위험 관리를 하면서 꿈의 실현을 목표로 자산 운용을 해나가려고 합니다.

Chapter 06

"조금만 있으면 달성하시겠네요"

Point

저축 생활을 꾸준히 하는 것만으로도
삶이 풍요로워지고 세계가 넓어질 수 있습니다.

5억 원을 저축하니 보이게 된 것

저축 생활을 시작하고 처음에는 노하우도 물론 없었지만, 어떻게 해야 할지도 자세하게 조사하지 않았기 때문에 필연적으로 시행착오가 생겨 힘이 들었습니다. 저축에 실패하는 원인은 다양하지만 큰 요인 중 하나는, 이런 힘든 과정을 극복하지 못하는 점이라고 생각합니다.

한편 5억 원을 저축했을 무렵을 되돌아보면, 나도 모르게 심플하고, 부담이 적고, 효율적으로 저축을 할 수 있는 체질로 바뀌어 있었습니다. 5억 원의 유동성 자산이 있으면 인생의 온갖 장면에 선택지가 늘어나, 삶의 대응 능력이 올라갑니다.

• 작은 회사를 설립해 사업을 할 수 있다

- 월급쟁이면서 임대업자가 되는 것도 리스크를 줄인 상태로 도전할 수 있다
- 갑작스러운 해고를 당해도 당분간 생활하기에 곤란하지 않다

이렇게 생각해보면 실행 여부는 차치하더라도, 마음에 여유가 생깁니다. 마음이 안정되면 지금까지는 회피해온 영역에 도전할 수 있게 되어 일을 하면서 상사나 주위의 반응을 신경 쓰지 않고 자기가 옳다고 믿는 방향을 향해 느긋하게 여유를 갖고 행동을 할 수 있습니다. 그렇게 하면 그것이 일의 성과로 이어져 주위의 신뢰를 모으게 되고, 더 큰 일을 맡는 선순환을 만들어낼 수도 있습니다.

장기간의 계획을 수행하고 5억 원을 모은 실적은 자신감으로 이어졌습니다. 또 인생에서 선택 사항이 많아진다는 것이 매일매일의 생활에 다양하고 긍정적인 시너지 효과를 불러일으킨다는 것을 체감했습니다.

저축액이 5억 원이 된 달의 일입니다. 근처의 레스토랑을 예약해 아내와 식사를 했습니다. 그동안 수고한 것을 격려하고 앞으로를 위한 궐기를 다짐하는 자리였습니다. 음식과 술을 즐기면서 그동안의 저축 생활에서 일어난 일을 2시간 정도 이야기했던 것 같습니다.

새삼스레 느낀 것은 저축 생활을 함께하면서 서로 간에 전보다

더 돈독한 신뢰 관계가 쌓여, 상대의 소중함을 깨닫게 되었다는 것입니다. 충돌하는 일도 있었지만 두 사람이 같이하지 않았으면 여기까지 도달할 수 없었을 것이라고 생각합니다.

"지금 저축액이 있으면 혼자선 충분히 오키나와에서 살 수 있겠네."

내가 아무렇지도 않게 말하자 아내가 대답했습니다.

"둘이 아니면 의미가 없지."

저는 아내의 말에 매우 기뻤습니다. 이는 지금도 소중한 기억으로 간직하고 있습니다.

비법 공유! 함께 부자가 되면 더 즐겁다

"저축을 열심히 하고 있는 사람은 세상에 많이 있다. 하지만 그 대부분이 '1000만 원만 있으면 좋겠어' '1억을 모으면 좋겠어' 식으로 '~했으면 좋겠어' 수준의 약한 목적에 머무르고 있는 것은 아닐까? 그리고 매달 그냥 꾸려나가는 데 전념할 뿐인, 효율성이 나쁜 저축이 되고 있는 것은 아닐까?"

저는 제 저축 생활과 다른 분들의 저축·절약 생활을 비교하면서 그런 생각을 갖게 되었습니다. 저축 생활을 통해 축적해온 노하우와 제가 즐겨온 성취감, 마음의 여유를 많은 사람들과 함께 느끼고 싶었습니다. 그래서 저축 생활을 함께 열심히 할 친구를 늘리고 싶은 마음에 2014년 3월 블로그도 시작했습니다.

  매일 꾸준히 글을 올리면서 때로는 독자들의 문의에 댓글을 답니다. 사실 이 책의 출판도 제 블로그를 읽은 편집자 분이 제안을 주신 것이 계기가 되었습니다. 이 블로그가 앞으로도 제게 어떤 체험을 가져다줄지 상상하면 무척 기대가 됩니다.

목표를 향해 걷는 것만으로도 생활의 기반이 안정되었고, 새로운 분야에도 자신감을 갖고 도전할 수 있게 되었습니다. 저축 생활을 기점으로 저의 세계는 날마다 계속 넓어지고 있습니다.

| 7억 원을 저축하니 보이게 된 것

어느 날 제 저축 블로그에 독자가 남긴 코멘트를 읽고 무척 놀랐습니다.

  "조금만 있으면 목표 달성하시겠네요."

  우리 부부는 7년 전 우리 자신도 달성할 수 있을지 말지 알 수 없는, 지금까지 도전해본 적이 없는 10년에 달하는 저축 계획을 세웠습니다.

  '10년 후라니 무슨 일이 일어날지도 알 수 없지. 하지만 꿈을 이

루기 위해 행동하지 않으면 꿈은 꿈인 채로 끝나버릴 거야.'

이렇게 생각하고 계획을 세워 저축을 실행해왔습니다. 그로부터 7년, 어처구니없이 멀다고 느껴지던 목표가 '조금만 있으면'으로 표현되는 곳까지 다가온 것입니다. 정말 기쁜 마음으로 댓글을 달았습니다.

"지금 저는 꿈을 이루기 위한 저축 생활에서 우리 부부의 방법은 틀리지 않았다고 확신하고 있습니다."

장기 저축 생활을 계속하는 데는 무리·낭비·편중, 어느 하나도 허락되지 않습니다. 로지컬 씽킹과 비즈니스 프레임워크에 의한 효율화는 저축 생활에 큰 효과를 발휘했습니다. 앞으로도 이대로 순조롭게 진행될지, 뭔가 예측 불허의 사태가 일어날지는 모르겠습니다. 그러나 비록 어떤 상황이 닥치든지 저는 나머지 기간도 결코 긴장을 늦추지 않고, 이 책에서 말씀드린 노하우를 직접 스스로 실천하는 것으로 목표에 도달해 꿈을 실현할 것입니다.

| 저축 과정 자체가 행복했다

정말로 풍요로운 삶을 보냈는지는 수명을 다하는 마지막 날까지 알 수 없습니다. 그러나 지금 저는 매일의 생활을 충실하게 보내고 있다고 느낍니다. 그것은 어떻게든 성취하고자 하는 목표에 하루

하루 다가가고 있다는 사실을 실감하면서 지내기 때문이라고 생각합니다.

이번 장에서 전한 것은 어느 부부의 사례 하나에 지나지 않습니다. 그러나 틀림없는 진실입니다. 저축 생활에 임하면서 부부의 정이 깊어졌고 그동안 쌓인 돈은 생활과 마음의 안정으로 이어졌습니다. 저축을 효율적으로 실시하기 위한 행동이나 생각은 저축뿐 아니라 일이나 사생활에도 응용할 수 있어서 성과로 이어지게 됩니다. 이렇게 생겨난 선순환은 새로운 분야에 도전하는 활력을 낳고, 또 도전을 함으로써 자신의 가능성을 더 커지게 한다는 사실이 여기에 있습니다. 할 일의 우선순위를 정하고 효율성 있게 건실한 행동을 축적해온 결과입니다.

지금 저는 이렇게 생각합니다. 꿈을 이루기 위한 저축 생활은 꿈의 실현뿐만 아니라 그 노력의 과정 자체가 풍요로운 삶으로 직결하는 것이라고요.

그럼 이제부터 본격적으로 저축을 위한 전략을 세세히 살펴보겠습니다.

Part 3.
내가 저축의 신이 된 이유, 전략의 힘

Chapter 01

처음에는 '사고방식'을 생각한다

Point

최대 효율의 저축은, 우선 기본이 되는 사고의 방법을 아는 것에서부터 시작합니다.

행동하기 전에 생각하라

바로 비즈니스 사고를 이용해서 저축 생활을 구성해봅시다.

컨설턴트답게 "우선은 기본 전략부터!"라고 말하고 싶지만, 여기에서는 한 호흡 쉬고 전략을 다지기 위한 사고방식부터 말씀드리겠습니다.

왜 이리 멀리 돌아가느냐고 생각하실지도 모르지만 접근 방법을 설정하는 것은 저축 생활을 효율적으로 추진하기 위해서 중요한 스텝입니다.

저축 생활을 '집', 기본 전략을 '중심 기둥'이라고 한다면 접근 방법은 '주춧돌(토대)'에 해당합니다.

기초가 불안정한 상태에서는 중심 기둥은 물론 집 전체가 위태로워집니다. 그것에 비해 확고한 주춧돌 위에 훌륭한 중심 기둥이 서 있는 집은 강풍에 노출되어도 끄떡하지 않고, 무거운 가재도구가 있어도 튼튼하게 받쳐줍니다.

예기치 못한 일이 일어나도 목표에 도달할 수 있는 저축 생활을 하기 위해 우선은 접근 방법을 생각해봅시다.

'40세를 맞는 5년 후에는 조금은 호화로운 재충전 여행을 하고 싶다.'

이렇게 생각할 경우 여러분은 어떻게 행동하십니까?

예를 들어 '5년 후의 여행을 위해 식비와 용돈을 절약해 조금씩 돈을 모으기 시작한다.' 이 행동은 효율적일까요? 목표 저축액을 정해 노력하는 분은 많지만, 대부분이 '보이는 범위에서의 노력'에 그치는 것 같은 느낌입니다.

제가 보기에는 목표 달성까지의 길을 확인하지 않고 자기가 갖고 있는 정보만 가지고, 다음과 같은 단편적인 생각에 빠져 있는 것 같습니다.

"돈을 모으려면 절약!"

"절약하려면 식비와 용돈 삭감!"

오해하지 말기 바랍니다. 식비와 용돈을 절약하는 것이 잘못되었다고 말하는 것은 아닙니다. 결과적으로는 효과를 거둘 수 있

생각을 먼저 해야 하는 이유

갑자기 행동을 하게 되면……

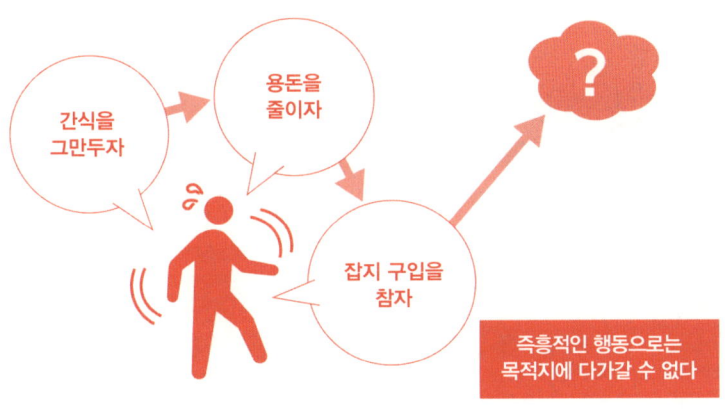

행동을 하기 전에 생각한다면……

을지도 모릅니다. 다만 목적지까지의 길을 제대로 그려본 다음 행동하지 않으면 쓸데없는 낭비가 생길 가능성이 높다는 점을 알아야 합니다.

"식비와 용돈 절약은 정말 필요할까?"
"좀 더 우선적으로 절약해야 할 지출이 있는 것은 아닐까?"
"수입을 늘릴 수는 없을까?"

최단 경로로 목표를 달성하고 싶으면 행동을 하기 전에 한번 생각해보는 것이 중요합니다.

현재 저는 10년에 걸친 장기 저축 생활에 임하고 있습니다. 저축을 시작할 때의 비결은 '사고방식을 생각하는' 것에서부터 출발하는 것이었습니다.

즉 어떻게 생각을 구성하면 무리·낭비·편중이 없는 형태로 목표한 만큼의 돈을 모을 수 있을지, 어떻게 최대한 빨리 가는 길을 그릴 수 있을지를 생각했습니다.

'사고방식을 생각한다.' 좀 색다른 표현이지만, 저축 생활을 계획할 때 핵심이 되는 부분이므로 꼭 이해해주셨으면 합니다.

┃ '급할수록 돌아가라'가 아니라 '급할수록 멈춰라'

왜 일부러 '사고방식을 생각한다'라고 표현하는 걸까요? 그것이 최대 효율로 돈을 모으는 방법이고, 목표 달성을 위한 출발점이 되기 때문입니다. 모두가 "세상이 그렇게 단순한 게 아냐"라고들 말하지만 계획을 세워도 예상대로 되지 않는 경우가 있습니다.

행동이 예상대로 되지 않는 것은 사물이 서로 관련되어 있다는 것을 간과하기 때문입니다. 이것을 피하려면 복잡한 일들을 알기 쉽게 정리하고 어떤 행동을 취해야 할지 판단할 필요가 있습니다. 정리가 특기인 사람이라면 다행이지만, 일반적으로는 '순서를 정해서 생각하는 게 영 힘들고' '복잡한 것을 깔끔하게 정리하기가 힘들다'는 사람이 더 많지 않을까요?

틀림없이 누구나 한번은 "여러 가지로 생각하다 보니까, 뭐가 뭔지도 모르겠고 결국 뭐부터 손을 대야 좋을지 판단도 서지 않더라"고 하는 경험이 있을 거라고 생각합니다. 이런 상황에 빠지면 아무것도 손대지 못하거나 행동을 해도 헛발질이 되고 시간을 쓸데없이 소비하게 됩니다.

그럼 애초에 이러한 상황에 왜 빠지게 될까요?

답은 간단합니다. 문제에 대해 '무엇을 어떤 순서로 생각해서 정리하면 되는가'라는 사고방식을 모르기 때문입니다.

이렇게 말하는 저도 사회생활 1년 차일 때에는 '사고방식을 생각한다(우선 진행방식을 정한다)'라는 자세가 몸에 배어 있지 않아서 아주 고생했습니다. 까다로운 문제를 우선 어디부터 손대야 할지 몰라 시간만 보내고는 했습니다. 시간이 흘러감에 따라 '뭐라도 답을 내야 한다'는 조바심만 더해져, 결국 아무 일도 진행하지 못한 채로 마감이 된 적이 많습니다. 목표로 가려고 서두르다 목표까지 가는 과정을 생각하지 못했기 때문에 일어난 결과입니다.

'사고방식을 생각할' 필요성이 여기에 있습니다. 진행방식을 생각해서 행동이 기대에 어긋나지 않도록 할 필요가 있습니다.

그럼 어떤 진행방식이 좋은지 구체적으로 알려드리도록 하겠습니다.

Chapter 02

오늘의 내가
10년 후의
나를 만든다

Point

행동을 목표로 직결할 수 있는지가 저축 성공의 열쇠가 됩니다.
그래서 저는 '기업 피라미드'를 활용합니다.

꿈과 행동을 일치시켜라

꿈을 실현시키려면 행동이 필요합니다. 그 행동이 꿈과 더 많이 링크되어 있으면 그만큼 꿈으로 다가가는 속도가 빨라집니다.

이를 저는 '꿈과 행동의 일관성'이라고 부릅니다. 꿈과 행동에 일관성이 있으면 확실히 꿈을 실현하려는 방향으로 움직입니다. 그러나 행동과 꿈이 서로 맞지 않으면 가까이 다가가기는커녕 오히려 멀어집니다.

'꿈과 행동의 일관성'이라는 건 간단한 것 같지만, 5년 후, 10년 후의 꿈과 현재의 행동을 링크시키는 것은 상상 이상으로 어렵습니다. 확실하게 짜둔 순서를 밟지 않고 방심하는 순간 바로 뒤죽박죽 상태에 빠져버립니다.

가령 '5년 후에 좀 호화로운 재충전 여행 가기'라는 목표를 세웠다고 합시다. 그것을 실현하기 위해 매일 먹던 건강 보충제의 구입을 그만두었습니다. 그러면 월 3만 원 정도가 절약됩니다.

이때 꿈을 실현하기 위해 필요한 저축액이 1000만 원이라면, 월 3만 원 정도의 절약 행동으로는 한참 부족합니다. 게다가 '5년 후에 재충전 여행 가기'의 목적을 설정한 것에는 당연히 건강이 전제되어 있음에도 불구하고 보충제를 끊은 탓에 건강을 희생할지도 모르는 상황이 되는 것입니다.

이것이 '꿈과 행동의 일관성'이 없는 상태입니다.

다른 예를 들어보겠습니다.

살이 너무 심하게 쪄서 매일 달리기로 했다고 합시다. 하지만 사실은 달리는 것보다도 우선 식생활을 개선해서 달리기를 견딜 수 있는 몸을 만들어야 하는 상태였다고 가정합시다. 그것도 모르고 매일 달리면 그 결과로 무릎이 망가집니다. 건강해지려고 시작한 행동인데도 불구하고 의사는 달리기야말로 심장에 부담이 큰 '자살 행위'라고 주의를 줍니다. 결국 러닝용으로 조달한 스포츠웨어, 운동화 등도 쓸모없게 되어버립니다.

이처럼 일상생활에서도 목적 달성을 위해 좋을 줄 알고 한 행동이 결과적으로 마이너스로 작용하는 경우는 많습니다.

꿈을 이루게 하는 4스텝

'꿈과 행동의 일관성'을 만들기 위해 다음의 4단계 스텝을 차근히 진행해봅시다.

1단계: 장래의 꿈을 정한다
2단계: 꿈을 실현하는 데 필요한 ○년 후의 목표 저축 금액을 정한다
3단계: ○년 뒤 목표 액수를 저축하기 위한 전략을 짠다
4단계: 전략 수행을 위한 구체적인 계획을 세워서 실행한다

사실 이 사고방식은 '비즈니스 프레임워크'의 하나인 '기업 피라미드'를 따라한 것입니다. 회사의 조직이 커지면 그동안 긴밀하게 접하고 있던 경영자와 현장 담당자의 관계가 소원해져갑니다. 그래서 경영자의 의사와 현장 담당자의 행동이 일치하지 않는 경우가 생기기 시작합니다.

이것을 피하기 위해 기업에서 사용하는 사고방식이 '기업 피라미드'입니다.

기업 피라미드는 옆 페이지의 그림과 같이 경영에 필요한 요소들을 피라미드 위에 나열한 것으로, 맨 위 단계에서 아래 단계로 내려가면서 보다 자세해지고 구체화되는 것이 특징입니다.

'꿈과 행동의 일관성'을 만드는 저축 피라미드

기업 피라미드

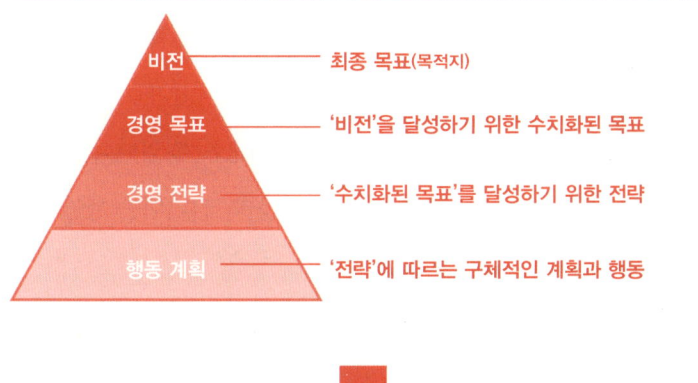

- 비전 — 최종 목표(목적지)
- 경영 목표 — '비전'을 달성하기 위한 수치화된 목표
- 경영 전략 — '수치화된 목표'를 달성하기 위한 전략
- 행동 계획 — '전략'에 따르는 구체적인 계획과 행동

저축 피라미드

- 꿈 — 장래의 꿈을 정한다
- 목표 금액 — 꿈을 실현하는 데 필요한 ○년 후의 목표 저축 금액을 정한다
- 저축 전략 — ○년 뒤 목표 액수를 저축하기 위한 전략을 짠다
- 계획과 행동 — 전략 수행을 위한 구체적인 계획을 세워서 실행한다

**1단씩 단계적으로 내려오는 것으로
'꿈과 행동의 일관성'을 만든다!**

1단계: 비전…최종 목표
2단계: 경영 목표…1단계 '비전'을 달성하기 위한 수치화된 목표
3단계: 경영 전략…2단계 '수치화된 목표'를 달성하기 위한 전략
4단계: 행동 계획…3단계 '전략'에 따르는 구체적인 계획과 행동

중요한 것은 맨 위에서 단계적으로 내려오는 것입니다. 꿈이 1단계라면 이에 이르기 위해 한 번에 과정을 다 건너뛰는 행동을 해서는 안 됩니다. 또 우선 '행동으로 해보자' 하는 것도 안 됩니다.

"꿈을 목표로, 목표를 전략으로, 전략을 계획으로, 계획을 행동으로."

이 순서로 차근차근 단계를 밟아야 비로소 절차가 틀이 잡혀 일을 진행할 수 있게 됩니다. 저축 생활에서 행동력은 중요한 것이지만, 그 행동이 헛된 노력이 되지 않기 위해서는 철저하게 1단씩 차근차근 내려오도록 합시다.

'저축 피라미드'를 만들어보자

이쯤에서 복습의 의미로 좀 전의 질문에 대해 다시 한 번 생각해

봅시다.

"40세를 맞는 5년 후에 좀 호화로운 재충전 여행을 하고 싶다."

우선 '좀 호화로운 재충전 여행'이란 어떤 여행인지를 생각해서 목적을 구체화합니다.

- 호화 열차를 이용한 규슈 일주 여행을 건강한 몸으로 마음껏 즐긴다

이것이 1단계가 됩니다.

다음 단계로 수치 목표를 세웁시다. 이번에는 필요한 금액을 계산합니다.

- 규슈까지 비행기 요금과 호화 열차 요금, 그 외 선물비 등 합계 1000만 원. 이 1000만 원을 1년에 200만 원씩, 5년간 모은다.

다음에는 3단계, "어떻게 연간 200만 원을 모을 수 있을까?" 하는 전략을 검토합니다.

- 일이 바빠서 토·일요일이나 빈 시간을 활용해서 수입을 늘리는 것은 어렵다
- 절약해서 저축하는 것이 기본이지만, 식비에 관해서는 평소에 자취를 하고 있어서 삭감할 수 있는 여지가 적고, 지금 이상 줄이는 것은

건강을 해칠 수 있어서 실시하지 않는다
- 현재 살고 있는 임대 아파트에 쓰지 않는 방이 있는데 이사를 하면 주거비용 삭감을 대폭 기대할 수 있다

그리고 4단계, 마지막은 계획을 반영해서 행동으로 연결합니다.

- 현재보다 집세가 20만 원 싼 임대 아파트를 1개월 안에 찾아서 이사한다

어떻습니까?

목적을 구체화함으로써 무엇을 실현하고 싶은지가 판명이 되고, 필요한 저축액의 산출 정밀도가 올라갑니다. 구체적인 목적과 명확한 목표 금액에 따라 취해야 하는 전략이 확실해지므로 계획에 적용시키기 쉬워집니다.

즉 목적에서 1단계씩 차근차근 내려오는 과정으로 '꿈과 일관성 있는 행동'을 이끌어내기 쉬워지는 것입니다.

이해를 돕기 위해 여기에서는 단순화한 예를 제시했지만, 원리 원칙은 늘 마찬가지입니다. 이후에는 실제로 저축 생활의 목적에서 행동까지 단계를 밟아가는 과정을 여러분과 함께 실행해보겠습니다.

여기에서는 저축 생활을 성공시키기 위해서는 저축 피라미드의 4스텝이 필요하다는 것을 기억해두시면 충분합니다.

Chapter 03

무엇을 버리고
무엇을
선택할 것인가

Point

목표가 정해져도, 선택 사항을 알 수 없으면 전략도, 계획도, 행동도 할 수 없습니다. 저축을 위한 로직 트리에서 선택 사항을 파악해봅시다.

│ **선택 사항이 늘어나면 효율성이 올라간다**

갑작스러운 질문입니다만, 선택 사항이 많으면 기쁘지 않습니까?

저는 볼펜을 준다면 색을 고를 수 있는 쪽이 좋고, 잔업을 한다면 날짜나 요일을 선택할 수 있는 쪽이 좋습니다. 자신에게 긍정적인 일이든 부정적인 일이든 선택 사항은 많으면 많을수록 좋습니다. 왜 제가 기쁘다고 느끼는가 하면, 어떤 목적에 도달하기 위한 선택 사항이 늘면 자신의 상황에 맞춰 그중 좋은 것을 선택하여 효율을 올릴 수 있기 때문입니다. 이는 돈을 모을 경우에도 마찬가지입니다.

수중의 돈을 늘리는 수단이 여러 가지가 있으면, 자신에게 맞는 수단을 선택할 수 있습니다. 최선의 수단을 선택하면 보다 편안하게, 보다 효율적으로 돈을 불릴 수 있습니다.

"돈을 불리려면 어떻게 하면 좋을까?"

단순한 질문이지만, 앞서 보았듯이 그저 맹목적으로 식비나 수도·광열비의 절약을 시작하는 것은 비효율적입니다.

효율적으로, 최단 경로로 목표를 달성하는 것, 이를 위해 할 일은 '선택 사항의 전체적인 모습을 알아내는 것'입니다.

돈을 불리기 위해 취할 수 있는 수단을 '누락되는 것도, 겹치는 것도 없도록' 찾아내서, 선택 사항의 전체적인 모습을 확실하게 만들고, 자기에게 있어 가장 좋은 방법을 찾아 선택해야 합니다. 그 편이 보다 빨리, 보다 간단히 돈을 모을 수 있는 방법입니다.

수단을 찾아내는 작업은 시간이 걸리기 때문에 언뜻 보면 멀리 돌아가는 것 같습니다만, 후에 저축 생활에 드는 시간과 비교하면 아주 짧은 시간밖에 되지 않습니다. 어차피 고생을 할 거라면 보다 시간이 짧게 걸리는 쪽이 이득입니다.

또 앞서 "목적에서 행동까지 단계를 밟아가는 전략과 구체적인 계획이 필요하다"고 말했습니다만, 돈을 불리는 방법에 어떤 수단이 있는지, 어떤 수단이 더 실행하기 쉽고 효과가 있는지를 알아가는 것은 전략을 찾아내는 것과 통합니다.

목적지로 가는 선택 사항을 늘린다

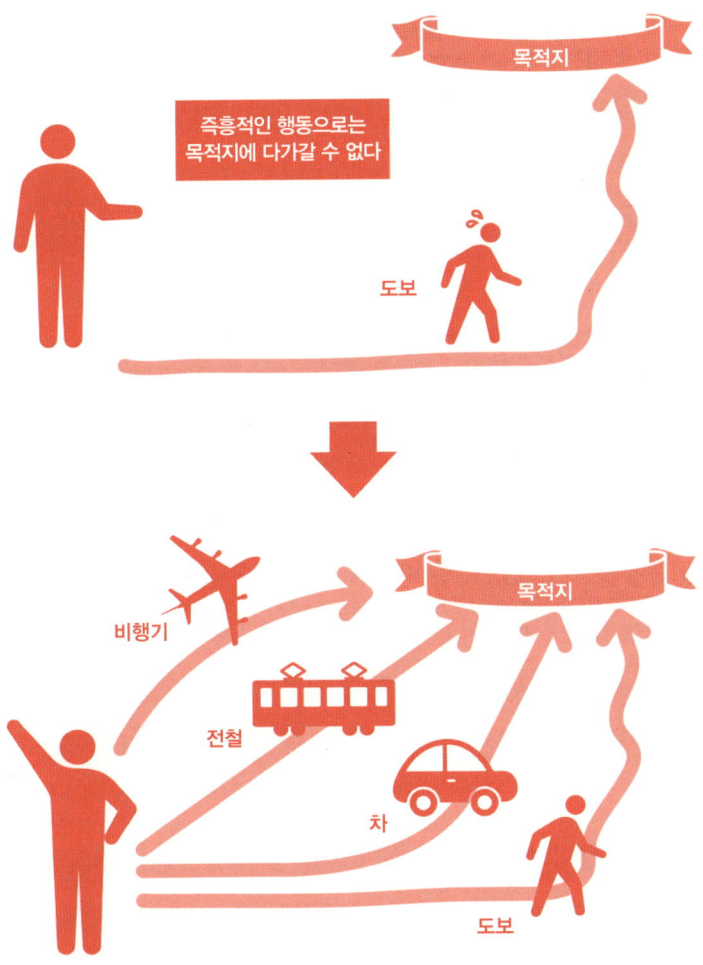

모든 선택 사항을 알고 있다면
가장 효율적인 방법으로 목적지에 도착하는 방법이 보인다

돈을 불리는 수단을 정리하는 '로직 트리'

돈을 불리는 수단을 찾아내는 데 매우 편리한 방법이 있습니다. 요소를 분해해서 누락되거나 겹치는 것이 없도록 트리 위에 정리하는 방법입니다.

이 트리는 컨설턴트가 복잡한 작업을 정리할 때 이용하는 것으로 '로직 트리'라고 불립니다.

'식비 삭감' '용돈 삭감' '잔업을 해서 급여 올리기' '자산 매각' '자산 운용' 등 돈을 불리는 수단은 여러 방면에 걸쳐 있습니다. 트리를 작성하면 이런 수단을 전체적인 모습으로 볼 수 있어서, 그 하나하나가 어떤 관련이 있는지 일목요연하게 정리됩니다.

전체적인 모습을 보면 자신에게 무엇이 중요하고 어떤 것을 우선해야 하는지 판별이 용이해져서, 효과를 내기 어려운 방법에 매몰되는 것을 피할 수 있고 저축 효율을 높일 수 있습니다. 그럼 다음 페이지의 로직 트리를 통해 돈을 모으는 방법을 정리해봅시다.

"돈을 불리려면 어떻게 하면 좋을까?" 그 수단은 여러 방면에 걸쳐 있습니다. 게다가 실제 행동의 선택 사항은 더 세분화되어 있어서 식비를 줄인다고 치면 맥주 등 특정 품목의 구입을 미루는 선택도 있고 슈퍼마켓의 타임 세일을 활용하는 등 다양한 구입 방법을 궁리해볼 수 있습니다.

이처럼 다양한 선택 사항이 있는 가운데, 그저 생각나는 대로 행동하면 비효율적이 되는 것이 당연합니다.

예를 들어 1년 후까지 200만 원을 모으고 싶은 경우에, 시간당 임금을 높여서 목표 금액을 모으려는 전략은 세우지 않는 것이 좋습니다. 왜냐하면 마음을 먹는다고 해서 시간당 임금이 바로 오를 수 있는 것이 아니기 때문에 시급을 높이려고 노력하는 사이에 1년 이상이 흘러가버릴 가능성이 높기 때문입니다. 이런 경우에는 다른 즉효성 있는 수단을 취해야 합니다. 반드시 전체적인 모습을 파악해 자신의 목적에 합치되는 선택 사항을 골라 행동으로 옮길 필요가 있습니다.

돈을 불리는 수단의 전체적인 모습, 로직 트리

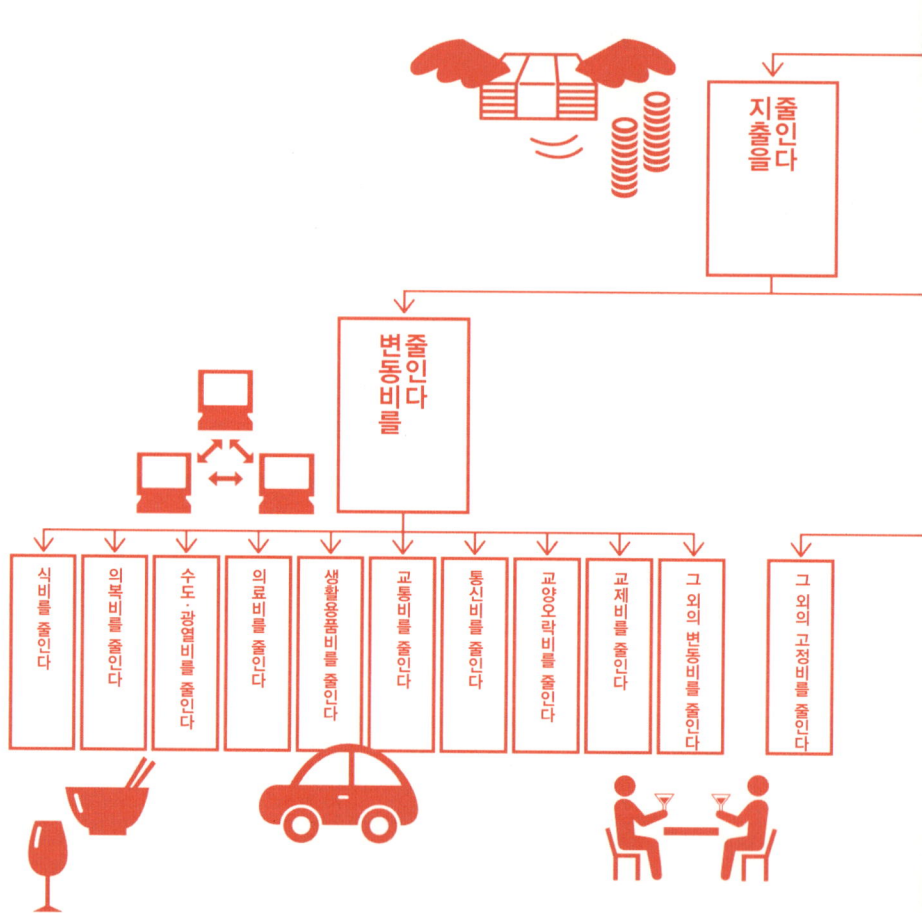

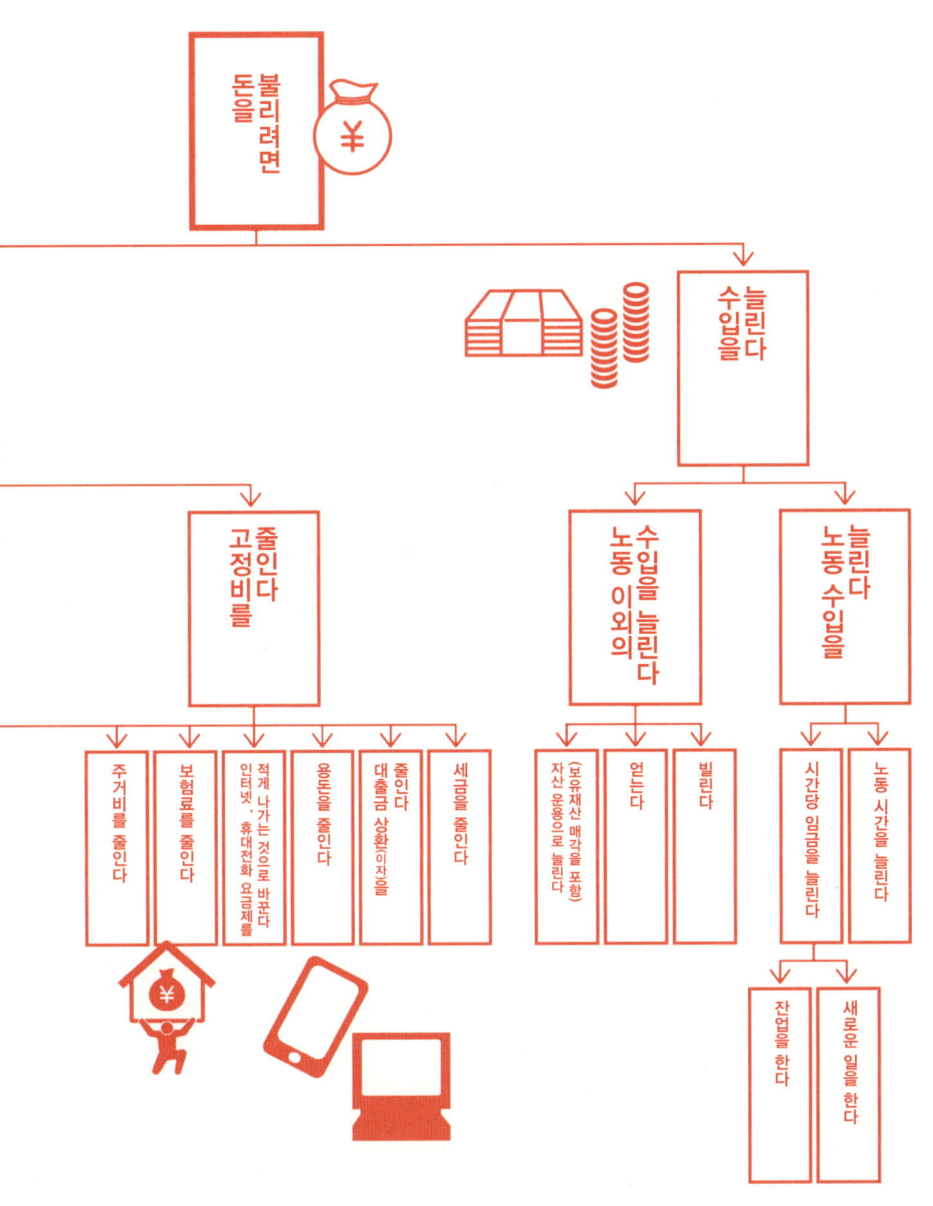

Chapter 04

저축 효율을
5배
올리는 방법

Point

사고방식을 알게 되는 것만으로도
목표 실현의 효율성은 놀라울 만큼 좋아집니다.
여기에서는 두 가지 비즈니스 사고를 소개합니다.

완벽함을 추구하지 않고 저축한다

'저축하기 위해서 필요한 행동의 전체적인 모습이 판명됐으니 완벽하게 실행해보자!'

돈을 모으겠다는 마음이 강할수록 이렇게 생각하게 될 것입니다. 그러나 시간이 무한정 있고 어떤 노력도 불사하겠다는 강철 같은 의지가 없으면 이렇게 하기 어렵습니다. 그리고 그런 사람은 세상에 단 한 명도 없으니, 그런 일이란 불가능합니다.

일본인의 건강 수명(간호를 필요로 하지 않고 자립 생활을 할 수 있는 기간)은 남자 70세, 여성 74세 정도입니다.

사람에게 수명이 있는 이상, 사용할 수 있는 시간에는 한계가 있습니다. 한정된 시간 속에서 무언가를 이루려는 경우에는 반드시 효율을 의식해야 합니다.

예를 들어 내일 치러야 할 수학 사회 영어 3과목의 시험이 있다고 합시다.

만일 전혀 공부를 하지 않고 시험을 본다면 전 과목에서 0점이 나오게 되고, 1개 과목에서 100점을 얻기 위해서는 10시간의 공부가 필요하다고 칩시다.

30시간의 공부 시간을 확보하면 3과목에서 300점 만점을 딸 수 있지만, 여러분이 확보할 수 있는 공부 시간은 총 15시간밖에 없습니다.

자, 여러분이라면 어떻게 공부하시겠습니까?

20의 노력으로 80의 효율을 만들어라

시험을 치를 때, 0점에서 20점을 올리는 것과 80점에서 20점을 올리는 것, 어느 쪽에서 20점을 올리는 것이 힘들겠습니까?

많은 사람이 실감하고 있을 테지만, 둘 사이에는 큰 차이가 있고, 80점에서 20점을 올리는 데 압도적으로 많은 공부 시간이 필요할 것입니다.

다음 페이지에 나오는 그림은 공부 시간과 시험 점수를 그래프로 이미지화한 것입니다. 0점에서 20점은 몇 분만 공부해도 점수를 올릴 수 있지만, 80점에서 20점을 올리는 데에는 8시간의 공

80대 20의 법칙으로 효율성 UP!!

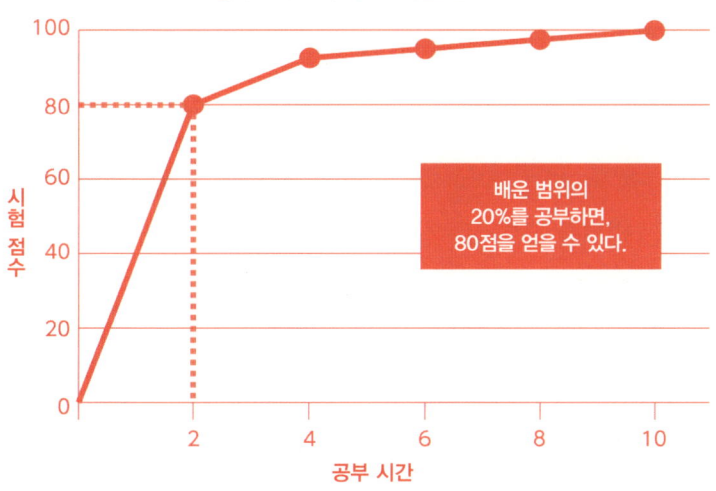

3과목으로 각각 100점을 얻으려면 30시간이 필요.
3과목으로 각 80점을 얻으려면
각 2시간, 합계 6시간을 공부하면 된다.

'80대 20의 법칙'으로 생각하면
5배의 효율 차이가 생긴다!

부가 필요합니다.

이런 현상을 '80대 20의 법칙'이라고 부릅니다.

이는 전체의 대부분을 소수가 만들어낸다고 하는 것으로, 이번에 예를 든 시험에 적용해보면, 중요한 공식 등을 중심으로 배운 범위의 20%를 공부하면 시험에서 80점을 얻을 수 있게 되는 것입니다.

모든 범위를 공부하는 경우와 비교해 공부할 범위가 20%인 경우 필요한 시간은 5분의 1, 효율은 5배입니다.

좀 전의 물음으로 돌아가봅시다. 1과목씩 완벽하게 마치는 것을 목표로 공부한다고 수학을 10시간, 사회를 5시간 공부하면 그걸로 시간을 다 써버리게 됩니다. 결과는 수학 100점, 사회 90점 영어 0점으로 합계 190점입니다.

다음에는 80대 20의 법칙을 적용해 수학 사회 영어를 2시간씩 공부했다고 하면 총 6시간으로 3과목 모두 80점, 합계 240점을 얻을 수 있게 되므로, 효율성에서 압도적으로 차이가 생겨납니다.

예측하면 효율은 더 올라간다

효율을 올리는 다른 방법을, 같은 시험이라는 소재에서 생각해

80대 20 법칙의 구체적 효과

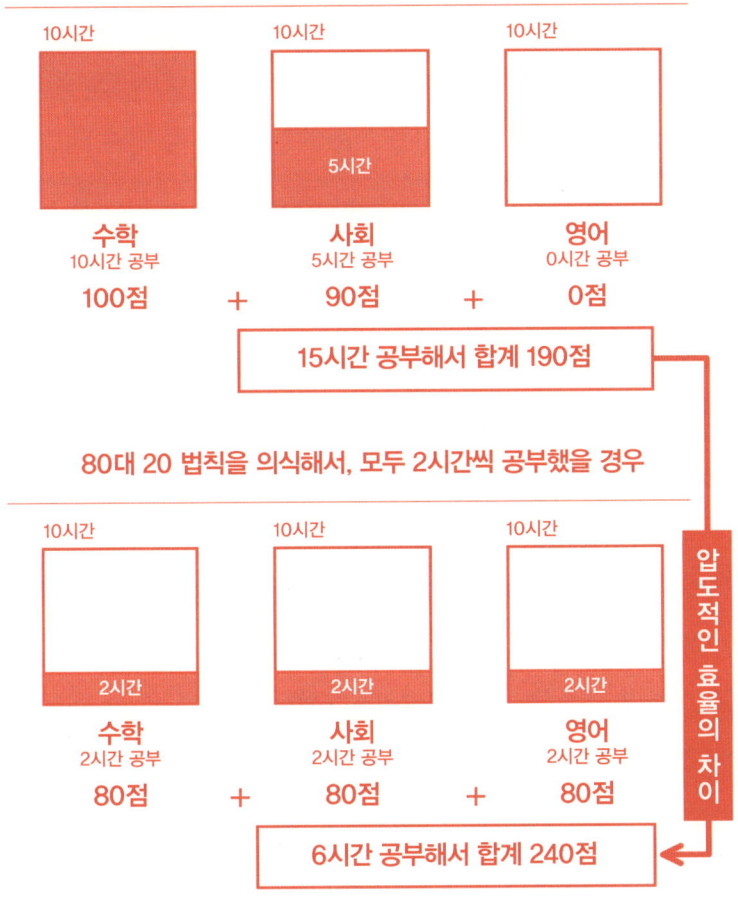

봅시다.

여러분은 80대 20의 법칙에 따른 사고방식으로 겨우 6시간 공부해서 240점을 획득할 수 있는 가능성을 손에 넣었습니다.

그래도 아직 9시간의 공부 시간이 남아 있습니다. 단순하게 3과목에 3시간씩 배정하는 것도 괜찮지만, 이 9시간을 잘 쓰면 훨씬 더 좋은 결과를 낼 수 있습니다.

여기에서 효율을 더 올리기 위해서 '가설 사고=예측'을 실시합니다.

가설(예측)

수학은 공식을 기억하고 있으면, 그다음은 응용만 하면 되니까 2시간만 공부를 해도 100점을 얻을 가능성이 있다. 이에 비해 사회와 영어는 암기가 필요한 부분이 많아 기억나지 않는 연호나 인명, 단어 등은 답을 풀 수 있는 길이 없다.

수학에 나머지 9시간 중 1시간을 투자하고, 나머지 8시간은 사회와 영어에 4시간씩 투자하면 합계 점수를 더 올릴 수 있지 않겠는가.

결과는 어떻게 나올 것 같습니까?

3시간씩 할당할 경우 획득 점수는 각 과목 90점으로 합계 270점. 수학·사회·영어에 1:4:4로 할당한 경우는 수학 88점, 사회 95점,

가설사고로 효율성을 더 높인다!

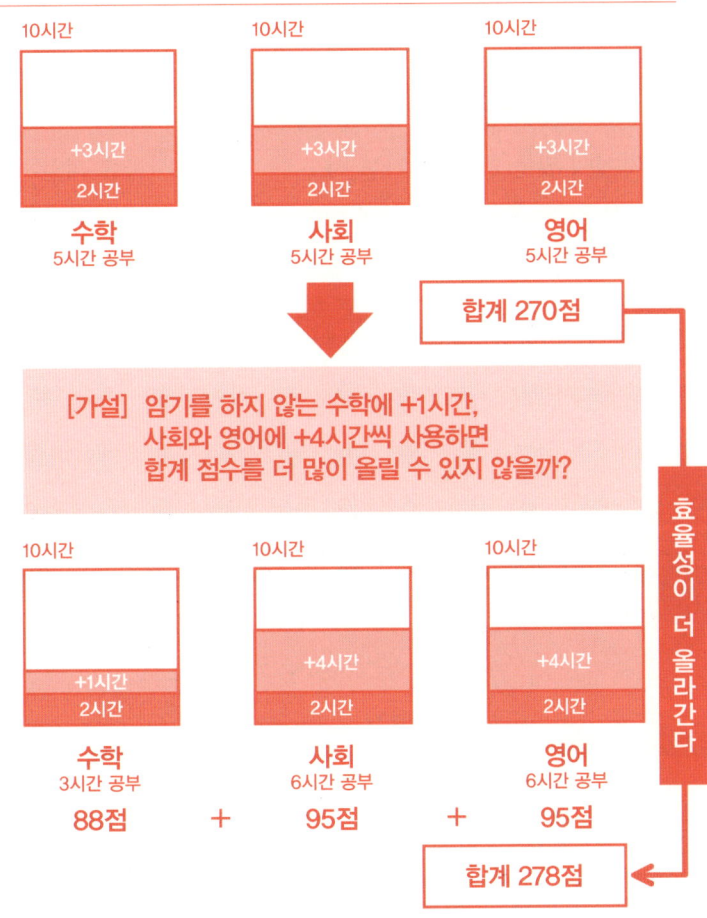

영어 95점으로 278점이 되었습니다.

이렇게 가설을 세워서 시험에 임함으로써 보다 효율을 높일 수 있게 됩니다. 이를 '가설 사고'라고 부릅니다.

여기서는 가설이 맞는 경우를 다루었습니다만, 틀렸다 하더라도 세운 가설을 검증하고 개선함으로써 다음 시험에서는 보다 정밀한 가설을 세울 수 있습니다.

즉 가설이 맞든 틀리든 '가설 사고'를 가지고 사물을 파악하면 최종적으로는 좋은 결과로 이어지는 것입니다.

이 경우는 시험을 소재로 했는데 저축에서도 마찬가지입니다.

돈을 불리려면 한 가지의 방법에만 집착하지 말고, 그 방법을 써서 80%의 완성도까지 가면 다른 방법도 검토해보시기 바랍니다. 또 가설을 세워서 하는 저축 행동도 한번 도전해보시기 바랍니다. 그 편이 전체적으로 봤을 때 시간당 효과가 높아집니다.

Chapter 05

제때 평가해야 실패가 없다

Point

계획을 확실하게 실행합니다.
그렇게 하기 위해 PDCA가 있습니다.

| 완벽한 계획이란 있을 수 없다

세부 계획을 세워 계획대로 행동하면 목표는 달성할 수 있을까요?

안타깝게도 답은 'NO'입니다.
아무리 열심히 계획을 세우고 행동을 했더라도 예상 밖의 결과가 돌아오기도 합니다. 결코 계획을 세운 사람의 능력이 없어서 그런 것은 아닙니다.
저는 직업상 대기업의 우수한 비즈니스맨이 입안한 계획을 많이 보아왔습니다만, 그들 그리고 그녀들이 작성한 계획을 실행해도 반드시 예측 불허의 사태가 발생하게 됩니다.
한 부분이라도 기대한 대로 결과가 돌아오지 않으면 그 부분이 누락되는 만큼, 나머지 모든 계획을 실행했다고 해도 목표에 도달할 수 없습니다.

그리고 목표에 도달하지 못하면 꿈은 그저 꿈인 채로 남게 됩니다. 이래서야 시간을 들여 목적을 구체화해서 수치 목표를 세워 계획으로 옮긴 의미가 없습니다.

원래 '일을 진행한다는 것'은 단지 계획에 따라 행동한다는 의미가 아니라, 실행한 결과 잘못된 점이나 실패한 점의 수정을 거듭해서 쌓아 올라가는 것이라고 저는 생각합니다.

| 목표를 달성의 열쇠 'PDCA'

PDCA는 Plan(계획), Do(실행), Check(평가), Action(개선)의 머리글자를 연결한 것으로, 이 동작을 반복함으로써 순식간에 성과를 거둘 수 있습니다.

PDCA, 각각에서 필요한 행동은 다음과 같습니다.

- P: 계획을 세운다
- D: 계획을 실행한다
- C: 실행한 결과를 평가한다
- A: 결과를 재검토해서 개선한다

목표 달성의 열쇠, PDCA

PDCA 사이클

Plan(계획), Do(실행), Check(평가), Action(개선)을 순서대로 실행하는 것으로, 성과를 올려 목표를 달성할 수 있게 된다.

말로는 알고 있는 사람이 많지만 대부분의 사람이 실천하지 못하고 있다. 저축 생활에서 활용하는 사람은 더 적다!

 Point

① Do(실행)에서 끝내지 않는다
② 반드시 Check(평가)한다
③ 개선과 동시에 계획을 재검토한다

**PDCA는 '재검토'가 포인트
재검토를 하면 목표는 반드시 달성할 수 있다!**

가설 사고를 언급했을 때 "검증이 중요하다"고 말한 것도 이 PDCA에 근거한 생각입니다. 모처럼 계획을 세워서 실행했다고 해도 결과를 되돌아보지 않고 개선책을 생각하지 않으면 기대한 성과를 얻기 어렵습니다. 반대로 PDCA 사이클만 제대로 돌리면 점점 목표에 다가갈 수 있습니다.

예를 들어 대기 전력 차단과 냉장고의 개폐 횟수를 줄이는 것, 에어컨 온도 조절 등 우리는 그 결과를 구체적인 금액으로 파악하고 있을까요?

결과를 확인하고 평가하는 행위는 매우 중요합니다. 왜냐하면 실행한 행동이 반드시 절약으로 연결되지 않을 가능성이 있기 때문입니다.

전기 요금 절약을 위해 냉방 온도를 평소의 26℃에서 28℃로 변경한 결과, 차가운 음료수를 마시는 횟수가 늘고 결과적으로 냉장고 소비 전력과 음료수 구입비가 올라갈 수 있습니다. 결과를 확인하지 않으면 정말로 성과로 이어지고 있는지가 의심스러운 경우는 놀랄 만큼 많습니다. 계획을 실행하기만 해서는 의미가 없습니다. 반드시 결과의 평가, 계획의 재검토, 개선을 합시다.

Chapter 06

저축은 비즈니스와 같다

Point

저축도 비즈니스와 같습니다.
목표 달성을 하고 싶으면, 컨설턴트의 툴을 사용해보시길 바랍니다.

보다 적은 시간으로 보다 높은 저축 성과를!

저축의 기본으로서 '기업 피라미드' '로직 트리' '80대 20의 법칙' '가설 사고' 'PDCA'와 5개의 '로지컬 씽킹' '비즈니스 프레임워크'의 중요성을 말했습니다.

이쯤에서 저축 생활을 영위하는 것에 더해, 이들 비즈니스 사고를 적용하면 어떤 장점이 있는지를 다시 한 번 확인해봅시다.

'로지컬 씽킹'과 그 사고방식을 가속시키는 '비즈니스 프레임워크'는 일을 효율적으로 추진하기 위해서 사람들이 만들어낸 방법입니다.

- 보다 좋은 상품이나 서비스를
- 보다 빨리

- 보다 적은 비용으로
- 보다 많이 만들어 제공함

이처럼 비즈니스 세계에서는 경쟁 상대보다 다방면에서 노력할 필요가 있습니다.

그래서 일의 모든 면에서 얼마나 효율성을 높일 수 있을지가 매우 중요한 과제입니다. 되돌아가는 일 없이 목표까지 최단 경로로 일을 추진해나갈 수 있는지의 여부가 경쟁 상대에게 이길 수 있는지 아닌지의 열쇠가 되는 것입니다.

이는 비즈니스의 경우지만 저축 생활에서도 효율성은 중요합니다.

저축 금액을 월 1만 원 늘리고 싶은 경우에 '매일 부지런히 수도·광열비를 절약해 1만 원을 아낀다'와 '스마트폰 요금제를 최적화해 1만 원을 아낀다', 이 두 가지 방법이 있을 때 어느 것을 선택하느냐에 따라 효율은 전혀 달라집니다.

앞으로도 매일 지속적으로 쥐어짜내기 위한 작업이 발생하는 수도·광열비 절약보다 한 번 휴대전화 요금제를 재검토만 해도 되는 쪽이 압도적으로 효율적입니다.

이렇게 하면 빈 시간을 절약에 더 투자하는 일도 가능해집니다.

그렇다 해도 사람마다 생활환경이나 스타일이 다르기 때문에 어떤 방법이 가장 좋다고 단언할 수는 없습니다. 다만 각각의 생활환경과 자기 마음에 따라 최적화된 방법을 이끌어낼 공통의 방법은 있습니다.

그것이 로지컬 씽킹과 비즈니스 프레임워크의 활용입니다. 로지컬 씽킹과 비즈니스 프레임워크를 저축 생활에 적용하면 각자의 환경에 가장 적합한 방법을 도출할 수 있습니다.

즉 이들을 활용하는 것이 목표를 달성하기 위한 지름길이 될 것입니다.

이번 부의 요약

- 목표를 달성하려면 우선 저축 피라미드를 만든다. 꿈 → 목표 금액 → 저축 전략 → 계획 → 행동으로 차근차근 단계를 밟아 '꿈과 행동의 일관성'을 유지한다.
(기업 피라미드)

- 돈을 불리는 방법 전체를 형상화해서 나타내기 위해 자신에게 있어 가장 좋은 방법을 선택한다.
(로직 트리)

- 모든 부분을 완벽하게 실시하는 것이 아니라 중요한 부분인 8할을 완성시키는 것을 목표로 해서, 효율을 5배로 늘린다.
(80대 20의 법칙)

- 예측하고 행동함으로써 효율을 더욱 높인다.
(가설 사고)

- 계획→실행→평가→개선이라는 일련의 동작을 철저하게 수행함으로써 목적을 이룬다.
(PDCA)

Part 4.
부자되는 저축 체질

Chapter 01

꿈이 있기 때문에
부자가
될 수 있다

Point
'꿈을 생각하며 그리는 것'으로 구체적인 목적지가 보이게 됩니다.

앞 장에서는 저축 생활의 기본적인 사고방식과 접근 방법을 말씀 드렸습니다.

저축 생활을 집, 전략을 중심 기둥이라는 접근법을 기초로 한다면 여러분은 튼튼한 기초를 구축하는 방법을 배운 단계라고 할 수 있습니다.

드디어 이번 장에서 저축 생활의 중심 기둥이라 할 수 있는 기본 전략을 짤 것입니다.

- 피라미드 1단계: 장래의 꿈을 정한다
- 피라미드 2단계: 꿈을 실현하는 데 필요한 ○년 후의 목표 금액을 설정한다

우선은 이 두 스텝을 자세히 설명하도록 하겠습니다.

'무엇을 목표로 하고 있는지 모르는 상태'에서 계속해서 노력하는 사람은 드뭅니다.

'누구를 위한 것인지 모르는 작업' '무엇을 위한 것인지 모르는 일'은 짧은 시간이면 어떻게든 될 테지만, 장시간 지속되는 작업이나 어려운 일에서는 버텨낼 수 없게 됩니다. 동아리 활동, 자격 취득, 투병 등 여러분이 지금까지 가장 열심히 노력한 경험을 되새겨보시기 바랍니다.

거기에는 강렬하게 이미지화가 되는 목표가 있었을 것입니다. 목표에 도달하고자 하는 강한 의지가 있었기 때문에 힘든 연습과 공부, 괴로운 무엇으로부터 도망치지 않고 맞설 수 있었던 것은 아닐까요? 즉 꿈을 달성하기 위한 목표 설정은 빠질 수 없는 것입니다.

이제 여러분의 소중한 '꿈(목적)'의 '결승점(목표)'을 결정하는 방법을 말씀드리겠습니다.

| 꿈을 목표로 구체화하는 5스텝

뚜렷한 목표를 그리려면, 현재의 자신을 잘 이해해둘 필요가 있습니다.

사람은 스스로를 잘 알고 있다고 생각하지만, 의외로 자기 자신을 잘 모릅니다. 다음 질문은 간단하지만 정확하게 응답할 수 있는 사람은 별로 없을 것입니다.

"과거 12개월 동안의 평균 월수입은 얼마인가?"
"지난 달 지출이 가장 많았던 3가지 항목의 액수는 각각 얼마인가?"
"현 시점에서 보유 자산과 그 현재 가치는 얼마인가?"

현재 상태를 잘못 알고 있으면 현실적인 목표의 설정이 어려워집니다.

평균 월수입이 실제보다 10만 원 많다고 인식한 채로 저축 계획을 세우면 1년간 120만 원, 10년간 1200만 원의 수입 부족이 발생합니다. 이렇게 잘못 인식을 하고 있으면 계획 기간을 곱한 값에 영향을 주기 때문에, 장기 계획을 세우는 경우에는 특히 주의가 필요합니다.

그럼 어떤 방법으로 현황을 분석해 목표 설정을 하면 좋을지 살펴보면, 구체적으로 다음 5스텝이 될 것입니다.

스텝 1 몇 년 후, 몇 십 년 후의 삶을 이미지화한다
스텝 2 저축 체질을 체크한다
스텝 3 돈의 출입을 체크한다

스텝 4　보유 자산을 체크한다
스텝 5　상황에 따라 적절한 목표를 설정한다

　스텝 2~4가 자신의 수중에 있는 돈의 현실을 알아보기 위한 분석입니다.
　현황 분석을 실시할 때에도 '무엇을 위해서' 저축해야 할지를 의식하고 있어야 하므로, 스텝 1을 통해 대략적인 미래상을 떠올리는 것부터 시작합니다. 다음에 스텝 2로 '저축 체질을 체크'해서 저축 생활을 하는 데 있어서의 강점과 약점을 파악하고, 스텝 3으로 '돈의 출입을 체크'하고, 스텝 4로 '보유 자산을 체크'해서 수입을 증가시키고 절약할 수 있는 여지를 확인합니다.
　그리고 마지막으로 현재 상황을 근거로 처음에 떠올린 미래상을 구체화한 후 명확한 목표를 그립니다.

| 돈은 써야 비로소 제 가치를 발휘한다

　저는 일을 하면서 크고 작은 것들을 합쳐 100건이 넘는 프로젝트들을 보고 경험해왔습니다. 그것들 전부를 제가 관리한 것은 아니지만, 성공과 실패의 요인은 파악하고 있습니다. 성공 요인은 다양하지만, 모든 성공 프로젝트에는 유일한 공통점이 있습니다.

그것은 구체적인 목표가 설정되고, 그것이 프로젝트 멤버 전원에게 공유되고 있다는 것입니다. 그리고 반대로 목표가 명확하지 않고 멤버 간의 공유도 미흡한 안건은 거의 다 확실하게 실패합니다.

멤버 전원이 몰두할 만한 가치가 있는 것이라 믿고, 구체적인 목표를 향해 나아가는 프로젝트는 큰 문제가 발생하면 멤버들이 서로 협력해 벽을 넘어갑니다. 그러나 목표가 명료하지 않아서 호흡이 맞지 않는 프로젝트는 문제가 발생할 때마다 흐름이 끊어져버립니다.

이와 마찬가지로 저축을 하려고 할 때도, 꿈을 실현하기 위한 구체적인 목표 설정은 필수입니다.

많은 돈을 가지고 있으면 안심이야 되겠지만, 돈은 그냥 가지고 있는 것만으로는 본래의 가치를 절반도 발휘하지 못합니다. 돈은 써야지만 비로소 제 가치를 발휘합니다. 저축한 돈으로 무엇을 실현하고 싶은 것인지 어떻게 되고 싶은지, 그 이미지를 가슴에 담아두도록 합시다.

| 장래에 어떤 생활을 하고 싶은가?

"나는 장래에 어떤 생활을 하고 싶은 걸까?"

저축의 목적을 밝히는 데 있어 가장 간단한 방법은 이 질문에 대해 깊이 생각해보는 것입니다. 답은 10명에게 물어보면 10명 다 제각각일 것입니다. 그러니 다른 누구도 아닌 바로 여러분 자신과 여러분 가족의 꿈을 떠올려보도록 합시다. 예를 들면 다음과 같은 것입니다.

- 시간을 잊고 조용히 책을 읽을 수 있는 별장이 있었으면 좋겠다
- 정년퇴직 후에는 이탈리아 토스카나의 대자연 속에서 살고 싶다
- 1년에 2회 이상은 해외여행을 가고 싶다
- 2개월에 한 번은 가족들과 함께 3성 레스토랑에서 맛있는 식사를 만끽하고 싶다
- 최신 설비의 홈시어터를 만들어 매주 부부가 좋아하는 영화를 감상하고 싶다

여러분에게 있어 풍요로운 삶, 실현하고 싶은 즐거운 장래 생활을 떠올리십시오. 즐거운 꿈은 저축 생활의 원동력이 됩니다. 그리고 효율적인 저축 생활을 보내면 그 꿈은 꼭 이루어질 것입니다.

저축 생활을 시작하기 전에 반드시 이 부분을 떠올리기 바랍니다. 노트나 수첩에 써보는 것도 좋을 것입니다.

Chapter 02

무조건
따라 하지 말고
내 스타일대로!

Point

전략을 세울 때 전제가 되는 저축 체질을
비즈니스 프레임워크 '7S'로 알아봅시다.

'7S'로 자신을 재검토한다

"이번에야말로 저축 체질을 만들자!"

"여러분의 저축 체질을 알 수 있는 ○가지 질문."

'저축이 가능한 체질'로 개선하는 것을 테마로 한 서적이나 웹 콘텐츠는 꽤 많이 찾아볼 수 있습니다. 이를 살펴보면 아래처럼 세부적인 이야기가 많습니다.

"남은 돈을 저축하는 방식으로는 안 됩니다. 매달 일정액을 저축합시다."

"저축은 인출하면 안 된다."

"모으기만 할 것이 아니라 운용 방법을 배우고 자산 운용을 합시다."

그러나 이것으로는, 애초에 "저축 체질이란 뭐죠?"라는 의문에 조차 대답할 수 없습니다.

그래서 저는 7S라는 '비즈니스 프레임워크'를 써서 저축 체질을 체계적으로 정리·확인해보겠습니다.

7S는 세계 정상급의 컨설팅 회사 매킨지에 의해 만들어진 것입니다.

① **전략**(Strategy)
② **조직**(Structure)
③ **시스템**(System)
④ **가치관**(Shared Value)
⑤ **스킬**(Skill)
⑥ **인재**(Staff)
⑦ **스타일**(Style)

7S는 이 7개의 머리글자 S를 취한 프레임워크로, 회사 전략의 실행력을 정리할 때 자주 쓰입니다.

이 프레임워크에 여러분의 생활을 적용하면 쉽게 저축 체질을 확인할 수 있습니다. 각 항목이 저축 체질에 미치는 영향을 확인해봅시다.

저축 체질의 7S를 체크해보자

비즈니스 프레임워크 '7S'

세계 톱클래스 컨설팅 회사인 매킨지에 의해 만들어진 프레임워크로 회사 전략의 실행력을 정리할 때 쓰인다.

저축 생활에 적용하면

7s	체크 내용
① 전략 Strgtegy	목표 금액을 모으기 위한 구체적인 전략이 있는가?
② 조직 Structure	어떤 체제(1인 가족, 부부, 부모·자식)로 저축에 임하고 있는가?
③ 시스템 System	저축 생활(수입·지출·자산)을 관리하는 구조는 잘 정리되어 있는가?
④ 가치관 Shared Value	저축 생활을 영위하는 와중에 목표로 하는 것, 양보할 수 없는 것이 무엇인지 명확한가?
⑤ 스킬 Skill	자산 운용이나 절약 등 저축과 관계가 있는 지식이나 경험이 있는가?
⑥ 인재 Staff	자신을 비롯해 어떤 인재가 몇 명이나 있는가?
⑦ 스타일 Style	저축 생활 스타일·규칙(저축이 무엇보다 우선/평소의 생활도 풍족하게 등)은 결정되어 있는가?

① 전략

가장 우선적으로 생각해야 할 것은 '전략'입니다. 하지만 그에 앞서 행동이 필요합니다. 행동하기 위해서는 실행 방안이 없으면 안 됩니다.

전략이라는 것은 목표와 현 상태의 간극을 메우는 것입니다. 무작정 저축을 하는 것이 아니라 명확한 목표와 현황 분석에 입각한 방안이 없으면 저축 체질이라고는 할 수 없습니다.

② 조직

파트너의 중요성에 대해서는 나중에 언급하겠지만, 저축 생활 성공의 열쇠는 협력자의 유무에 있습니다. 파트너가 있는 경우, 자기 혼자서 저축하는 것보다 파트너와 둘이서 저축하는 쪽이 몇 배나 빠르게 돈을 모을 수 있습니다. 협력자가 많을수록 큰 꿈을 설계할 수 있는 것입니다. 조직은 저축 체질의 저력을 나타냅니다.

③ 시스템

저축 체질에서의 '시스템'이라는 것은, 수입과 지출을 관리하는 '가계부'와 자산 상황을 나타내는 '자산 관리 장부', 2가지입니다. 이에 더해 두 항목의 운용 방법도 저축 체질을 판단하는 요소가 될 수 있어서, '분석에 도움이 될 수 있는 적절한 항목으로 기재되어 있는가'와 '디지털 관리에 의해 바로 그래프화해서 분석할 수 있나' 등도 확인할 필요가 있습니다.

시스템은 저축 생활의 실제 상황을 밝히기 위한 기초 데이터가 얼마나 갖추어져 있는지를 나타냅니다.

④ 가치관

'가치관'은 저축 체질을 말할 때 가장 중요한 요소가 됩니다. 가치관이란 바꿔 말하자면 왜 그 목적을 달성할 필요가 있는지에 대한 것입니다.

그 목적이 자신이나 파트너, 가족에게 있어 얼마나 소중한 것인지를 공유하지 않는다면, 7S의 다른 6항목 모두가 만족스러운 상태라 해도 저축 생활은 잘 진행되지 않습니다. 가치관은 저축 체질의 근간입니다.

⑤ 스킬

여기서 말하는 '스킬'은 지식입니다. 저축뿐만 아니라 지식은 모든 조직 구조에서 중요합니다. 지식이 없다면 아주 멀리 돌아가게 될 가능성이 높아집니다.

'자산 운용 방법으로 어떤 것이 있나' '지출을 줄이려면 어떻게 하면 좋을까' 이런 지식이 있는지 없는지에 따라 성과를 얻기 위한 효율이 달라집니다.

⑥ 인재

'어떤 인재가 있는가'도 저축 체질을 판단하는 요소입니다.

여기서 최대의 포인트는 수입이 있는 사람이 몇 명 있는지를 따지는 것입니다. 혼자서 연봉 5000만 원을 넘지 못할 수 있어도 두 사람이라면 총 연봉 8000만 원도 꿈은 아닙니다.

연봉 5000만 원에서 1000만 원 저축하는 것보다 연봉 8000만 원에서 2000만 원을 저축하는 편이 훨씬 쉬울 것입니다. 또 수입 이외에도 컴퓨터가 특기라던가, 경리사무의 경력이 있다는 등의 요소도 저축 체질의 강점이 됩니다.

⑦ 스타일

마지막 7번째 S가 '스타일'입니다. 이것은 저축 생활을 영위하기 위한 규칙이라고 이해하면 됩니다. 저축 생활의 기본 규칙이 지켜지는 것, 그것만으로 저축이 철저하게 지켜지고 있는 것이므로 저축 체질이라고 할 수 있겠습니다.

규칙의 예를 들자면 앞에서 말한 '매달 일정 액수를 저축한다' '저축은 손대지 않는다' '쌓인 돈을 운용한다' 같은 것들로 앞으로 할 행동의 지침이 됩니다. 처음에는 목표를 설정해서 노력해야겠다고 결심했어도 도중에 "뭐, 이만하면 괜찮지 않나?"라며 마음이 느슨해지는 경우는 자주 있습니다.

마음이 해이해지는 것은 저축의 큰 적입니다. 꼭 지켜야 할 규

7S로 저축 체질을 체크해본 예시

7s	체크 내용(예)
① 전략	수입을 올리는 작전과 지출을 줄이는 작전이 있다 - 1일 3시간, 주 2회의 아르바이트를 한다 - 이사를 해서 월세를 10만 원 삭감한다
② 조직	부부 두 사람이 저축을 한다 - 아이가 생긴 후에도 육아휴직 후에는 업무에 복귀한다
③ 시스템	가계부를 쓰지 않는다 자산관리부를 작성하지 않는다
④ 가치관	40세가 되면 5년 후에 호화 열차로 규슈를 여행한다 - 부부 두 사람이 여행을 한다 - 일상생활을 잊고 재충전한다
⑤ 스킬	자산 운용의 경험은 없다 절약에 본격적으로 임한 경험은 없다 남편은 부업 경험이 있다
⑥ 인재	자신을 비롯해 어떤 인재가 몇 명이나 있는가? - 부부 모두 정사원 아내는 경리직이라 계산과 컴퓨터에 능하다
⑦ 스타일	용돈은 둘 다 월 20만 원으로 술값도 포함 평일의 점심은 도시락으로 한다 건강과 절약을 위해 부부 모두 담배를 끊는다

**여러분도 실제로 7S를 기입 예에 따라
각 항목을 써봅시다**

칙을 미리 설정하는 것은 효율적으로 꾸준히 저축을 하는 데 유효합니다.

이상으로 매킨지의 7S를 활용한 저축 체질을 정리하고 확인해보았습니다.

7개의 S, 모든 것이 완벽하게 갖춰져 있지 않다고 해서 저축을 못하는 것은 아닙니다. 오히려 7개 항목이 다 갖춰진 사람은 별로 없을 것입니다. 물론 더 나은 저축 체질이 되도록 개선을 시도할 필요는 있지만 완벽을 목표로 한다면 서둘러 저축을 시작할 수 없습니다.

가장 중요한 가치관이 어느 정도 만족할 만한 정도의 틀이 잡히면 다른 항목에 대해서는 어느 정도 수준에서 적당히 포기하고 일단 먼저 진행을 시킵시다.

7S로 자신의 저축 체질을 체크한 다음에는, 정기적으로 갱신할 필요는 없습니다. 7S의 각 항목은 한 번 정리하면 목표를 향해 가는 과정에서 항상 의식하고 있는 요소가 될 것입니다.

또 스킬이나 인재 등의 항목은 바로 레벨을 올릴 수 있는 것이 아니니, 매일 저축 생활을 해나가는 과정 속에서 꾸준히 개선해 나갑시다.

마지막으로 7개의 S로 저축 체질을 확인하는 것이 얼마나 중요한 것인지를 나타내는 예를 들어보겠습니다.

예를 들어 7S로 분석해본 결과, 자산 운용 스킬을 전혀 가지고 있지 않는 사람이 있다고 합시다. 이 사람이 저축 생활 첫해부터 주식을 운용해서 연 10%의 이익을 올릴 계획을 세웠다면, 그것은 무모한 계획이 되는 것입니다.

   7S로 저축 체질을 확인하는 것은 목표액을 모으기 위한 전략을 세우거나 계획을 전개할 때 큰 의미를 갖습니다.

Chapter 03

처음에는 왜 가계부를 써야 하는지 몰랐다

Point

가장 간단하고 도움이 되는 가계부의 규칙을 알려드리겠습니다.

좋은 가계부, 나쁜 가계부

지금부터는 7S의 '시스템'에 해당하는 가계부에 초점을 맞춰보겠습니다. 목표 설정의 5가지 단계로 말하면, 스텝 3의 '돈의 출입을 체크한다'에 해당합니다.

스텝 1   몇 년 후, 몇 십 년 후의 삶을 이미지화한다
스텝 2   저축 체질을 체크한다
스텝 3   돈의 출입을 체크한다
스텝 4   보유 자산을 체크한다
스텝 5   상황에 따라 적절한 목표를 설정한다

가계부는 생활 속에서 친밀한 도구일 테지만 '그냥 작성만 하

는 가계부' '아무 생각 없이 들춰 보기만 하는 가계부'가 허다합니다. 이런 가계부는 분석이 소홀해지기 때문에 노력한 것에 비해 효과가 나오지 않는 나쁜 가계부입니다.

여기에서는 노력을 적게 해도 작성할 수 있고, 가계의 개선으로 이어지는 좋은 가계부에 대해 알려드리겠습니다.

가계부가 없어도 저축은 할 수 있지만, 가계부를 사용해 PDCA 사이클을 돌리면, 저축 생활에 한층 더 가속을 붙일 수 있습니다. 가계부의 데이터를 분석해서 지금까지 간과했던 개선 포인트를 찾아봅시다.

12가지 항목만 써라

정작 가계부를 써야겠다고 생각할 때 첫 번째로 고민하게 되는 것이 바로 항목입니다. 항목이 너무 대략적으로 되어 있으면 나중에 분석이 어려워지기 때문입니다. 가계부의 목적은 가계에서 낭비되는 부분을 알아내 저축으로 돌릴 수 있는 돈을 늘리는 것입니다. 귀찮다고 해서 너무 대략적으로 항목을 나누어버리면, 가계의 어느 부분에서 낭비가 발생하는지 보이지 않게 됩니다.

반대로 너무 자잘하고 항목이 많아지면 가계부를 작성할 때 그만큼 일이 많아집니다. 세세하게 쓴다고 해서 다 좋은 것은 아닙니다. 열심히 작업을 해도 경우에 따라서는 그것이 그냥 낭비가 될 수 있습니다.

식비를 예로 들면 고기나 생선, 유제품 등을 얼마만큼 샀는지는 문제가 되지 않습니다.

"이번 달은 생선을 너무 많이 샀으니까, 다음 달은 생선을 좀 덜 사고 저축으로 돌릴 돈을 늘리자!" 같은 분석은 불필요하므로, 식비는 일괄해서 적도록 합니다.

"매달 50만 원이었던 식비가 이번 달은 70만 원이 되었다."

이와 같은 사실을 파악하는 것이 중요합니다. 원인에 대해 생각하는 계기가 생기면 그것으로 충분합니다.

이상을 바탕으로 가계부에서 관리하는 항목은 다음의 12가지로 정리하기 바랍니다.

가계부에서 관리해야 하는 항목
- 수입
- 식비
- 의복비
- 주거비
- 수도·광열비
- 의료비·생활용품비
- 통신비

- 교통비
- 교양·오락비
- 교제비
- 보험료·세금
- 그 외 지출
- (+1항목)

※ +1항목은 돈이 드는 취미나 매달 크게 변동하는 교육비 등이 있는 경우에 작성해주십시오. 다만 나중에 관리가 귀찮게 되므로 항목을 13개 이상으로는 늘리지 말 것을 강력히 권합니다.

전부 이 12가지 항목으로 가계부를 작성해나갑니다. 다시 한 번 말씀드리지만 항목은 이보다 더 대략적이어도, 너무 자잘하게 나눠도 안 됩니다. '잎을 보고 나무를 보지 못하거나, 숲을 보고 나무를 보지 못하는' 상태가 되지 않도록 합시다.

일주일에 1회만 작성하라

가계부를 쓰기 시작했을 때는 의욕에 넘쳐 매일 써도 고생이라고 생각하지 않습니다만, 대부분의 경우에는 곧 귀찮아져버립니다.

또 매일 작성하더라도 매일 가계를 돌아볼 필요는 없기 때문에 그다지 의미가 없습니다.

가계부는 1주일치를 정리해서 기입하시길 바랍니다.
1주일치 정도면 지갑이 영수증으로 넘치지도 않고, '가계부에서 관리해야 하는 항목'에서 말한 것과 같이 항목을 정리해두면 1주일치라 하더라도 5분 정도로 작성을 마칠 수 있습니다. 1주일치를 한꺼번에 작성할 때의 포인트는 2가지가 있습니다.

① 영수증을 꼭 받는다
② 사려고 한 것 이외의 상품을 구입하지 않는다

첫 번째는 영수증을 꼭 받는 것입니다. 이렇게 함으로써 시간이 지난 후에도 정확하게 가계부를 작성할 수 있습니다.
두 번째는 사려고 한 것 이외의 상품을 구입하지 않는 것입니다. 원래 사려고 한 제품만 구입하면 필연적으로 영수증 하나당 한 가지 품목에 가깝게 되기 때문에 가계부의 작성이 훨씬 쉬워집니다.
이 2가지를 지키는 것으로, 가계부를 작성하는 것이 편해지게 됩니다.

한 달에 한 번은 총정리하라

주 단위로 작성한 가계부는 월 단위로 집계해서 다시 분석하시기 바랍니다.

일반적으로 매일의 생활을 하기 위해서 필요한 물건을 매일 필요한 만큼 구입하기는 힘들 것이라 생각합니다.

예를 들어 화장품, 샴푸 등은 한 번 사둘 때 1개월분 가량을 구입하지 않습니까? 이런 상황에서 매일매일 가계를 분석해봤자 효율성이 떨어집니다. 한편 3개월, 반년 정도의 단위로 재검토해보면 가계의 개선이 늦어져 손쓸 수 없게 되어버립니다. 그래서 1개월 단위로 돌아보는 것이 딱 좋습니다.

가계부의 분석 방법에는 여러 가지가 있지만 기본적인 점검 사항으로는 아래와 같은 예를 들 수 있습니다.

"목표로 한 지출 금액 안에서 돈을 썼는가?"
"비슷한 다른 세대와 비교해서 지출이 많지 않은가?"
"과거에 비해 지출이 늘어나고 있지는 않은가?"

이러한 관점을 바탕으로 지출이 높은 항목을 찾아서, 그 이유와 개선 여지를 생각하는 것이 효과적입니다.

| 살아 있는 가계부를 만들기 위한 3가지 요령

① 가계부는 스스로 작성하고 분석한다

숫자나 돈 계산이 자신 없는 사람이나 바빠서 작성할 시간이 없는 사람도 있을 것입니다. 하지만 가계부는 꼭 여러분 자신, 혹은 배우자가 작성하시기 바랍니다.

최근에는 FP 등의 전문가에게 부탁하는 경우도 늘어나고 있지만 FP보다 숫자에 강하다는 자신이 없는 한 피하는 것이 좋습니다. 다른 사람이 만든 숫자를 정확히 이해하려면 작성자 이상의 지식이나 경험이 있어야 합니다. 그게 아니라면 읽고 이해하기 위해 시간이 많이 필요합니다.

자신의 가계를 파악하는 지름길은 자신이 가계부를 작성해서 내용을 이해하는 것입니다. 숫자에 자신 없는 분이라면 단 5분이라도 매주 가계부를 쓰거나 월 1회 가계부를 분석하는 것이 많이 힘들지 모릅니다. 그래도 이것만은 꼭 스스로 하시기 바랍니다. 처음 몇 달은 낯선 작업에 고생이 좀 되겠지만 같은 포맷으로 작성된 같은 항목을 계속해서 보다 보면 분석의 포인트, 수치의 움직임도 금방 알아차리게 될 것입니다.

② 누락되는 것도 없고 중복되는 것도 없도록 사실을 정확하게 기재한다

분석에 사용하는 가계부의 숫자는 정확하지 않으면 안 됩니다. 저축 생활에서 행동을 개선할 때, 대부분이 가계부의 수치를 기준으로 삼아 결정하게 되므로 '대충 이 정도 금액'과 같이 무른 구석이 있어서는 안 됩니다.

대충 작성한 정보에 기초한 개선 방안은 결과 역시 그저 대충인 상태가 되어서 이름만 개선 방안이지 별 의미가 없게 되어버립니다.

파트너와 의논하면서 개선 방안을 생각하는 경우는 더더욱 그렇습니다. 신뢰할 수 있는 수치 데이터를 토대로 하지 않으면 좋은 의사소통은 물론 뛰어난 개선 방안도 기대할 수 없습니다.

그래서 980원짜리 상품을 구입했는데 1000원이라고 기입을 해서는 안 됩니다. 10원의 오차도 있어서는 안 됩니다. 단 몇 십 원 차이에 불과하지만 대충대충 적는 방식이 습관이 되면 연간으로 합산했을 때 큰 차이가 되어버립니다.

1만 원이나 1000원 단위로 작성하면 된다는 정보도 가끔 눈에 띕니다만, 처음부터 데이터의 신뢰성을 낮추는 것은 피하는 게 좋습니다. 대신 항목의 가짓수나 기입 빈도를 줄이고 유용하지만 번거롭지 않은 가계부를 만듭니다.

좋은 가계부를 작성하는 방법

저축에서 성공하는 가계부의 기본 법칙

① 항목은 12개만
② 작성은 일주일에 1회로 한다
③ 한 달에 한 번은 집계하여 분석한다

살아 있는 가계부를 만들기 위한 3가지 비법

① 가계부는 스스로 작성하고 분석한다
② 누락되는 것도 중복되는 것도 없도록 기입한다
③ 디지털 관리를 한다

③ 디지털 관리를 한다

가계부 작성은 컴퓨터나 태블릿 PC 등으로 관리하는 것을 권합니다. 컴퓨터가 서투른 분도 있습니다만 작성과 분석의 효율이 몇 배나 차이가 납니다. 종이와 계산기로는 몇 시간이나 걸리는 작업도 컴퓨터라면 몇 분 만에 완료할 수 있습니다.

분석 작업이 귀찮아지면 저축 생활의 속도를 높이기 위한 핵심인 PDCA가 기능하지 못할 가능성이 높고 가계부 작성의 의미, 그 자체를 상실할 수 있습니다. 가계부를 작성하는 자체는 별로 의미가 없습니다. 가계를 정확히 파악해서 그다음 행동으로 살려야만 의미가 있는 것입니다.

수치를 입력해서 집계하는 작업은 컴퓨터에 맡기고, 우리는 전략을 세우기에 주력하는 것이 더 효율적이며 중요한 것입니다.

Chapter 04

1년에 한 번
실시해본
가계 건강검진

Point

가계부만으로는 건강한 가계를 알 수 없습니다.
자금 관리 장부로 정기적으로 체크하는 것이 필요합니다.

| 자산 관리 장부를 만들어보자

의외라고 생각할지도 모릅니다만 가계부만으로는 가계의 전체적인 모습을 밝힐 수 없습니다. 또 하나, 자산 관리 장부가 필요합니다.

자산 관리 장부란 재산과 빚을 기재한 목록으로, 가계부의 정보 가치를 비약적으로 높여주는 장부입니다. 건강 관리에 비유하자면 다음과 같이 표현할 수 있습니다.

- '가계부'는 매일 식사한 내용이나 운동한 내용을 기록한 것
- '자산 관리 장부'는 정기 건강 진단 결과

'식사와 운동 기록'에 따라 염분의 섭취량이 많고 운동량이 적은 생활이 계속되고 있었다고 판명되더라도, 그것만으로는 얼마

나 심각한 상황인지 알 수 없습니다.

'정기 건강 진단'을 받아서 혈압이 약간 높은 것인지, 중증의 고혈압인지, 혹은 다른 이상은 없는지를 파악하고, '염분 제한' '운동 시간 증가' '혈압 강하제 투여' 등의 적절한 대책을 세워야 합니다.

'식사와 운동 기록'과 '정기 건강 진단', 2가지의 정보가 모임으로써 보다 정확하게 상황 파악이 가능하고 효과 높은 대책을 마련할 수 있습니다.

자산을 목록화하라

'가계부'를 작성한 경험은 있어도, '자산 관리 장부'를 작성한 경험이 있는 분은 적을 것입니다. '자산 관리 장부'라는 이름을 들으면 어려울 것이라는 인상을 받을지도 모르지만, 자산 관리 장부를 만드는 방법은 간단합니다. 현 시점의 '자산'과 '부채'가 얼마인지 금액을 기재하면 됩니다. 자산, 부채의 순서로 설명하겠습니다.

자산으로 목록화를 하면 다음처럼 8가지 항목으로 나눌 수 있습니다.

① 예금
② 현금

③ 저축형 보험

④ 유가 증권(주식 투자 신탁, 채권, 수표, 상품권 등)

⑤ 집

⑥ 자동차, 오토바이

⑦ 부동산(집 이외)

⑧ 그 외(귀금속 등)

이들 항목에 대해 현 시점의 가치를 기재합니다.

집과 자동차는 샀을 때의 액수가 아닌 현재 팔았을 경우 받을 수 있는 금액을 기재합니다. 매각 가능 금액은 인터넷과 잡지에서 유사 상품의 판매 가격을 참고해서 추측해봅시다.

이때 중요한 것은 '값을 깐깐하게 매기는 견적'입니다.

자기 희망으로야 높은 매각 대금을 상정하고 싶은 마음을 모르는 것은 아니지만, 그것을 꾹 참고 시장 가격에서 5~10%를 깎아서 깐깐한 눈으로 본 수치를 설정합시다. 보험에 대해서는 해약했을 경우 받을 수 있는 금액을 기재합니다. 이는 보험 회사에 문의하면 바로 알려줍니다.

부채를 목록화하면 다음의 6가지 항목으로 나눌 수 있습니다.

① 주택 담보 대출

② 자동차 할부

자산 관리 장부 만드는 법

'자산'과 '부채'를 나타내기만 하면 된다!

자산리스트

- ◎ 예금 _____ 원
- ◎ 현금 _____ 원
- ◎ 저축형 보험 _____ 원
- ◎ 유가증권 _____ 원 ⎫ 주식, 투자증권, 채권, 수표, 상품권의 총액
- ◎ 집 _____ 원 ⎫
- ◎ 자동차·오토바이 ___ 원 ⎬ 구입한 금액이 아니라 팔 경우의 금액을 쓴다
- ◎ 부동산(집 외) _____ 원 ⎭
- ◎ 그 외 _____ 원 ⎫ 귀금속 등 그 외 자산이 될 수 있는 것

0

- ◎ 주택 담보 대출 _____ 원 ⎫
- ◎ 자동차 할부 _____ 원 ⎬
- ◎ 교육 자금 대출 _____ 원 ⎬ 빌린 액수가 아니라, 현재 갚아야 하는 금액을 쓴다. 명세표에서 확인해보자
- ◎ 학자금 융자 _____ 원 ⎬
- ◎ 카드 대출 _____ 원 ⎬
- ◎ 기타 _____ 원 ⎭

갱신은 일 년에 한 번이면 OK!

③ 교육 자금 대출

④ 학자금 융자

⑤ 카드 대출

⑥ 기타

부채도 자산과 마찬가지로 현 시점에서 갚아야만 하는 액수를 기재합니다. 각 담보 대출에는 반드시 명세표가 있을 것이므로 그것을 보면서 금액을 기입하시기 바랍니다. 이것으로 '자산 관리 장부'는 완성입니다.

자산 관리 장부는 한 번 만들어두면, 나머지는 정기 건강 검진과 마찬가지로 1년에 1회 갱신하는 것만으로 충분합니다. 다만 집을 구입한다거나 차를 사거나 주식에 투자하는 등 큰돈을 움직이는 경우에는 그 시점에서 정보를 갱신합시다.

| 당신의 가계는 얼마나 건강한가?

자산 관리 장부의 자산에서 부채를 뺀 순자산을 산출해보십시오. 이 순자산의 크기가 가계의 건강도를 나타냅니다.

가계의 건강도＝순자산＝자산－부채

자산 관리 장부의 예시

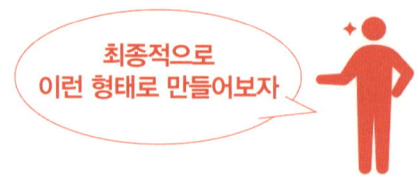
최종적으로 이런 형태로 만들어보자

항목		지난 번 00년 00월 00일	이번 00년 00월 00일	차액
자산	예금	18,000,000	20,000,000	2,000,000
	현금	1,000,000	1,000,000	0
	저축형 보험	0	200,000	200,000
	유가증권 (주식, 투자증권, 채권, 수표, 상품권의 총액)	0	0	0
	집(토지 포함)	0	0	0
	자동차·오토바이	4,500,000	4,500,000	0
	부동산(집 외)	0	0	0
	그 외	300,000	300,000	0
부채 (빚)	주택 담보 대출	0	0	0
	자동차 할부	0	0	0
	교육 자금 대출	0	0	0
	학자금 융자	20,000,000	18,000,000	-2,000,000
	카드 대출	0	0	0
	기타	0	0	0
순자산		3,800,000	8,000,000	4,200,000

'자산'에서 '부채'를 빼면 '순자산'을 알 수 있다

순자산=여러분 가계의 건강도

순자산이 플러스인 경우라면 최소한의 상태를 충족한다고 할 수 있습니다. 순자산이 마이너스인 경우는 수입이 끊어지는 순간 궁지에 빠진다는 것을 의미하므로 최대한 빨리 부채를 정리해서 가계 건전화를 도모할 필요가 있습니다.

Chapter 05

무리한 목표는 좌절을 부른다

Point
목표와 스케줄의 설정이 '꿈의 실현'을 뒷받침해줍니다.

| '너무 힘들지도 않고, 너무 편하지도 않을 것'이 원칙

지금까지 말씀드린 내용을 실행하면 여러분의 '장래의 꿈'과 '현재 상황'이 보일 것입니다. 이 장을 마무리하기 위해, 지금부터는 '장래의 꿈'과 '현재 상황'의 2가지 정보를 토대로 구체적인 목표를 그려볼 것입니다.

목표 설정의 대전제는 '실현 불가능한 목표를 설정하지 않는 것'입니다.

당연한 말일 수도 있지만, 의욕이 불타오르기 시작하는 처음에는 무리한 목표를 설정해버리기 십상입니다. 시작한 후 당분간은 문제가 없지만 시간이 흐르고 의욕도 가라앉아갈 때, 목표 기준이 너무 높으면 중간에 좌절하게 됩니다.

한편 너무 쉽게 완수할 수 있는 계획도 의미가 없습니다. 그러면 그 전까지의 일상생활과 달라지는 게 거의 없을 것입니다. 현재 상황을 분석했으니 조일 수 있는 것은 조이면서, 자기 스스로를 고양할 수 있는 목표 설정이 필요합니다.

이를 구체적으로 이미지화하기 위해 시뮬레이션을 해봅시다.

아래 그림은 가구 연소득 5220만 원인 가정의 월 평균 지출입니다.

지출의 합계는 세금을 합해서 월 372만 원으로, 연간 4460만 원입니다. 수입이 5220만 원이니까 평범하게 생활한다고 할 경우 1년간 저축할 수 있는 금액은 760만 원입니다.

여기서 저축의 속도를 올리기 위해 더 절약하는 경우를 생각해

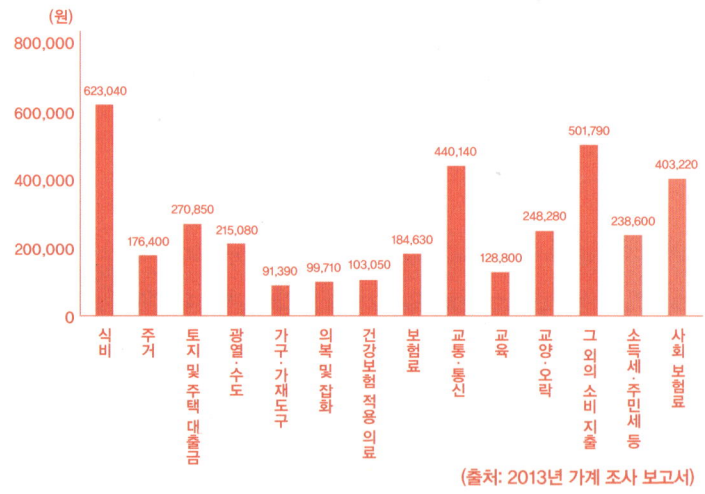

봅시다.

식비를 월 30만 원 줄이는 것을 전제로 해서 연간 360만 원의 저축을 늘리겠다는 계획은 목표 기준이 너무 높습니다. 현재의 식비를 갑자기 절반으로 줄이는 것은 어려운 일일 것입니다.

과거에 30만 원을 가지고 한 달 식비를 꾸려본 적이 있다면 혹시 가능할지도 모르지만, 현재의 지출을 갑자기 50%나 삭감하는 것은 거의 불가능하다고 생각하십시오.

저의 경험에 의하면, 10~20%를 목표로 아끼는 것이 균형을 잘 맞추게 되는 것 같습니다. 분석 결과와 목적을 몇 번이고 확인해서 실현성을 고려한 목표를 설정하도록 합시다.

'언제까지 실현하고 싶은가'를 수치화한다

같은 꿈이라 할지라도 실행 방식에 따라 드는 비용은 상당히 바뀔 수 있습니다.

해외여행을 예로 들면 비행기 이코노미석을 이용하는 경우와 일등석을 이용하는 경우, 요금이 크게 다릅니다.

그 외에도 숙박할 호텔이나 식사의 수준, 여행 기간 등 여러 요소에 따라 비용이 오르내리게 됩니다. 하고 싶은 일을 구체적으로 이미지화해 실제로 소요되는 비용을 수치화합시다.

스케줄 또한 목표를 구체화하는 데 있어 중요한 요소입니다. 목표 달성 시기를 언제로 잡느냐에 따라 연간 필요 저축액이 크게 달라집니다.

예컨대 3000만 원을 모으겠다고 했을 경우, 1년간 모으는 경우와 3년간 모으는 경우는 필요한 노력이 많이 다릅니다.

1년에 모을 액수를 3배로 할 경우 3배 노력하면 된다고 계산해서는 안 됩니다. '80대 20'의 법으로 생각해보자면 3배를 넘는 노력이 필요합니다. 3년간 모으면 60점만큼의 절약을 하면 되는데 1년 안에 모으려면 100점 만점의 절약을 할 필요가 생기는 것입니다.

꿈을 빨리 실현하고 싶은 마음은 누구에게나 있습니다. 그러나 서두르다 도중에 좌절해버리면 꿈은 이루어지지 않습니다.

'너무 힘들지도 않고 너무 편하지도 않을 것'을 원칙으로 해서 적절한 기간을 설정해봅시다.

| '필요한 저축액'을 수치화한다

필요한 저축액을 구체적으로 계산합니다. 저축 목표액의 총액은 뒤집어 말하자면 꿈을 실현하기 위해 드는 비용입니다. 여기에 일정을 가미해 월별로까지 세분화해둡시다. 월간 목표, 연간 목

목표를 수치화하는 3단계 스텝

① '꿈에 드는 비용'을 수치화한다

꿈을 실현하기 위해서 드는 돈의 금액을 제대로 계산한다.

여행이라면 비행기나 호텔의 등급, 교통비, 쇼핑비 등을 구체화한다.

② '언제까지 실현하고 싶은가'를 수치화한다

꿈을 실현할 날(년도)을 결정한다.
몇 년 후가 될지 써보자.

③ '필요한 저축액'을 수치화한다

'필요한 저축 총액'을 결정한다.
그다음에는 세분화해서,
매달 필요한 저축액도 계산해둔다.

**포인트는 '너무 힘들지도 않고
너무 편하지도 않을 것'**

표를 하나씩 쌓아 올라가 최종 목표 달성으로 연결시킵니다.

매달 저축액을 계산한 다음에는 대략적이라도 좋으니 저축 체질, 돈의 출입, 보유 자산 현황에 비추어 전략이 실현 가능한지를 확인하시기 바랍니다. 실현하기 어려울 것 같으면 비용 수치나 스케줄을 다시 한 번 검토해보기 바랍니다.

막연하게 마음속에 그리고 있던 '꿈'을 구체적인 수치 목표에 대입시키면 여러분은 이전보다 '꿈의 실현'에 확실하게 다가서게 되는 것입니다.

Chapter 06

혼자 가지 말고
같이 가라

Point
파트너와 함께 목표를 향해 가면,
저축 생활이 더 즐겁고 효율적이 될 것입니다.

이인삼각으로 저축 생활

'파트너와 저축 생활의 관계'는 모든 사람들에게 공통되는 항목은 아닙니다. 그러나 파트너가 있는 경우, 함께하는 생활에서 발목 잡히면 저축 생활이 매우 곤란해지기 때문에 굳이 제 생각을 말해두고자 합니다.

목적을 설정하는 데 있어 '파트너와의 합의 형성'은 중요합니다.
생계를 같이하는 파트너의 이해와 협조를 얻을 수 있을지 없을지에 따라 꿈의 실현을 크게 좌우됩니다. 비록 멀리 있는 목표라 해도 여러분과 파트너의 생각이 잘 맞아 발맞춰나간다면 결국 목표에 도달할 수 있습니다.

한편 파트너의 이해를 얻을 수 없는 상황에서는 바로 눈앞에 있는 목표조차 당도하기 어렵습니다. 실제로 파트너의 이해를 얻지 못해 저축 생활에 실패하는 경우가 적지 않습니다.

예를 들어 갖고 싶었던 겨울 코트를 사지 않고 참으며 가족 여행을 위해 매달 저축에 힘쓰고 있는 참에, 파트너가 상의도 없이 비싼 코트를 사왔다고 하면 어떻겠습니까?

"조금이라도 돈을 불리려고 나는 코트도 안 사고 참고 있었는데……"라며 화를 내버릴 것입니다. "과소비다"라고 불평불만을 이야기하면 "매일 일하는데 코트 하나도 맘대로 못 사나?" 같은 말이 나올 것이고, 자기도 사실은 갖고 싶었지만 참고 있다고 이야기하면 "그러면 사면 될 거 아냐!"라는 말이 돌아올 것입니다.

이런 싸움이 자주 있다면, 설사 저축을 한다 하더라도 파트너와 함께 가족 여행을 즐겁게 할 기분은 나지 않을 것입니다. 언뜻 보면 새로운 코트를 구입한 쪽이 나쁘다고 생각하기 쉽지만 결코 그렇지 않습니다.

문제의 근원은 코트를 구입한 것이 아니라, 저축 목표에 대해 양측이 취할 자세를 조율하지 않은 것입니다. 결국 협력 체제가 구축되지 않으면 싸움이 일어납니다.

| 파트너는 적이 될 수도, 아군이 될 수도 있다

생계를 같이하는 파트너는 적이 될 수도, 아군도 될 수 있는 존재로 그 영향력은 절대적입니다. 다음의 3가지 포인트에 유의해 협력 체제를 구축합시다.

① 독선적이 되지 않도록 주의한다
② 파트너와 가계를 공유한다
③ 깊이 있는 대화를 나눈다

① 독선적이 되지 않도록 주의한다

명확한 목표를 정할 때, 목적을 정하고 단계를 밟아 구체적인 목표 금액을 산출하는 것만으로는 완전하지 못합니다. 파트너를 무시하고 자기 혼자만의 꿈을 실현하려고 아등바등해봤자 잘되기 어렵기 때문입니다. 공통의 목표를 설정하고 공감하지 못하면 상대방은 생활 곳곳에서 불만이 커지게 됩니다.

또 여러분이 개인적인 꿈을 위한 저축을 할 때도 파트너가 이해해주는지 아닌지에 따라 저축의 성패가 결정됩니다.

만약 파트너에게 아무 말도 안 하고 있다가 목표 달성 무렵에 이르렀을 때 갑자기 "1000만 원짜리 새 차를 사야겠어"라고 선언한다면 상대가 어떻게 생각하겠습니까?

"지금 있는 차로도 괜찮지 않아?"

"1000만 원이나 여유가 있으면 차보다는 교육비로 돌리는 편이 좋을 텐데."

이처럼 꿈의 실현을 기뻐해주기는커녕 꿈 자체의 가치를 부정할지도 모릅니다. 이것은 너무 안타까운 일입니다. 생계를 같이 하는 파트너가 있는 사람은 '가족을 위해'라고 생각하는 독선은 물론, '나 혼자 하자'라고 생각하는 독선도 금물입니다.

② 파트너와 가계를 공유한다

맞벌이 가정, 혹은 외벌이를 하면서 생활비만 받아 쓰는 가정에서는 상대방의 수입과 저축액을 모르는 분도 많을 것입니다.

"부부 맞벌이로, 각자 자립하는 생활을 하고 싶어서 서로 합의한 매달의 생활비만 낸다. 나머지는 서로 자유롭게 쓰고 각자의 책임 아래 저축한다."

"아내(남편)는 전업 주부이므로, 매달 일정 금액을 주고 그 안에서 살림을 하도록 맡긴다. 나머지 돈은 모두 스스로 관리하고 큰 지출이 있을 때는 개별적으로 상의를 한다."

세상에는 다양한 생활 스타일이 있고, 그것은 또 그것대로 잘 돌아가는 경우가 있다는 것은 알고 있습니다. 그리고 상대의 프라이버시를 존중하는 것의 중요성도 이해하고 있습니다.

그러나 돈에 관해서는 서로에게 오픈해야 합니다. 서로가 가계의 전체적인 모습을 모르면 어떤 위험을 안고 있는지 불투명한데다가 돌발 상황이 발생했을 경우의 대응력도 떨어집니다.

생애를 함께할 파트너와의 생활이라면 더더욱 그렇습니다. 만약 시간이 이달, 올해, 혹은 2~3년까지로 한정되어 있다면 개별 가계도 문제없을지 모릅니다.

그러나 자신과 가족의 꿈을 실현해가고 싶다면 서로의 연봉, 저축, 빚을 공개하고 가계의 단단한 기반을 구축하는 자세가 필요한 것입니다.

③ 깊이 있는 대화를 나눈다

상대가 소중한 존재일수록 민감한 돈 이야기를 꺼내는 데 용기가 필요할지도 모릅니다. 그러나 이를 피하기만 해서는 안 됩니다. '서로의 꿈을 함께 이해하고 실현하기 위해서' '서로 기분 좋은 생활을 해나가기 위해서' 대화는 꼭 필요한 것입니다.

어설프게 다가가지 말고 끈기 있게 서로 이야기를 해보십시오. 그 대가는 크게 돌아올 것입니다. 여러분과 상대방의 기분이 일치하게 될 때 꿈으로 다가가는 속도에 가속이 붙게 됩니다. 꿈을 실현했을 때의 기쁨도 2배, 3배가 될 것입니다.

그리고 '미래의 꿈과 저축에 대한 이야기를 하자'고 결심한 상황을 상정하면 상대에게 말하고 싶은 것, 협력해주었으면 좋겠는 것 등의 이야기가 많이 나오지 않을까 생각합니다.

이야기를 할 때 포인트는 우선 상대방의 의견을 무조건 잘 듣는 것, 그리고 자신과의 차이를 이해하는 일입니다.

가까이 있는 파트너에게는 자기도 모르게 "나하고 같은 생각이었으면 좋겠어"라며 기대를 하지만 상대와 완전히 똑같은 생각을 한다는 것은 있을 수가 없는 일입니다. 그래서 상대가 미래에 대해서 어떻게 생각하는지, 또 어떤 꿈을 가지고 있는지 귀를 기울여야 합니다. 그다음에 기탄없이 자신의 뜻을 상대에게 전하고 이해받으려고 노력해봅시다.

대화는 자신의 의견을 솔직히 전하면서 동시에 상대의 입장에 서는 것이 포인트입니다. 결코 자기 생각을 밀어붙여서는 안 됩니다.

조금씩 생각을 조율하고 서로에게 가장 좋은 합의점을 찾으시길 바랍니다.

이번 부의 요약

- 꿈에서 목표로 단계별로 진행하려면 '현황 분석'은 빠져서는 안 된다.

- 현황은 '7S' '가계부' '자산 관리 장부'로 분석한다.

- 꿈과 현황 분석 결과를 바탕으로 '너무 힘들지도 너무 편하지도 않은' 목표를 그려본다.

- 마지막으로 목표 저축액의 실현성을 확인한다.

- 파트너가 있는 경우는 대화를 거듭해 저축 생활에 대한 이해와 협력을 얻는다.

Part 5.
부자되는 지름길, 로드맵을 그리다

Chapter 01

내가 잘하는 일, 돈으로 만들 수 없을까?

Point

"어떻게 해야 수입을 늘릴까?"
"어떻게 해야 지출을 줄일까?"
이를 정해봅시다.

우선은 수입 증가! 그다음이 절약!

앞서 기업 피라미드 1단계 '미래의 꿈을 정하기', 2단계 '꿈을 실현하는 데 필요한 ○년 후의 목표 금액을 설정하기'의 방법을 소개했습니다.

　꿈을 확실하게 하고 구체적으로 이뤄야만 하는 목표가 정해지면 드디어 전략 검토를 진행합니다.

　이번 장에서는 기업 피라미드의 3단계 '저축을 하기 위한 전략'과 4단계 '계획과 행동'에 대해 말씀드리겠습니다.

　수단을 잘못 잡으면 목표를 달성할 수 없다는 의미의 '연목구어 (緣木求魚: 나무 위에 올라가 물고기를 구한다)'라는 말에서도 알 수 있듯이, 전략 책정은 목표에 도달하기 위해 중요한 요소입니다.

눈앞의 일에 신경을 뺏기지 말고, 전체를 보고 합리적인 전략과 계획을 입안해서 행동으로 연결합시다.

이번 장을 다 배우고 나면 기업 피라미드의 4번째 스텝이 완결됩니다.

어떻게 돈을 불릴지를 생각하다 보면 우선 '수입을 늘려야 하는가?' '지출을 줄여야 하는가?'라고 하는 선택 사항 중에 한쪽을 골라야 하는 상황이 닥칩니다.

많은 가정에서는 지출을 줄이는 것, 즉 절약을 선택하는 것이 일반적입니다. 그러나 어려워도 수입을 늘리려는 노력을 우선해야 합니다. 그 이유는 다음의 3가지 때문입니다.

① 절약에는 한계가 있다

절약에는 한계가 있습니다. 최소한으로 필요한 식비와 주거비는 좀처럼 줄일 수 없습니다.

"건강을 희생하고 식비를 깎는다" "극도의 절제하는 생활로 인해 스트레스가 쌓인다" 등 낭비 줄이기를 넘어선 절약은 컨디션 난조와 스트레스로 인해 전보다 더 나쁜 상태가 되어서 결국 장기적인 저축 생활에 마이너스가 됩니다.

절약에는 한계가 있지만, 수입 증가에 의한 저축은 노력 여하에 따라 한계 없이 늘 수 있습니다.

② 가계가 안정된다

수입 증가를 목표로 수입이 들어오는 경로를 늘리면 그만큼 가계는 안정됩니다. 수입 경로가 하나밖에 없다면 병으로 쓰러지거나 직장이 도산했을 때 수입이 0이 됩니다.

2013년 일본 전국 기업 도산 건수는 1만 855건입니다. 하루에 약 30건의 도산이 발생하는 것입니다. 도산의 위험은 가까이 있으며 여러분에게도 남의 일이 아닙니다. 수입 경로를 다수 확보하고 있으면 가계는 보다 안정됩니다.

③ 경험치가 늘어난다

수입을 얻으려면 새로운 일에 도전할 필요가 있습니다. 도전은 많은 것을 배우는 것으로 이어집니다. 설사 이전에 비슷한 일을 한 경험이 있더라도 똑같은 일, 똑같은 환경은 아닐 것입니다. 현재의 일을 하면서 동시에 새로운 일에도 몰두한다면 시간 관리 능력도 향상될 것입니다.

실패를 두려워하지 말고 노력을 아끼지 않고 도전해보시길 바랍니다. 식견이 깊어지도록 자신을 다듬어가는 것은 미래의 풍요로운 생활로 연결될 것입니다.

이 3가지 이유에서 절약보다 수입 증가를 우선해야 합니다. 단, 절약이 전혀 필요 없다는 말은 아닙니다. 수입 증가를 목표로 하면서 가계의 낭비를 줄여야 합니다.

| 월급쟁이 맞춤형 대책을 세우는 법

저축 전략의 전제를 확인한 시점에서 구체적 대책을 세워나갑시다. 처음에 실시하는 것은 현실과 목표의 괴리를 파악하는 것입니다. 5장까지의 스텝을 밟아오는 동안 꼭 맞는 현황 분석을 거쳐 분명한 목표를 그렸다면, 여기서의 작업은 간단합니다.

우선 앞서 수치화한 '꿈을 실현하는 데 드는 비용'을 실현 시기까지 개월 수로 나누고, 1개월마다 모아야 할 필요 저축 금액을 계산합니다. 이 필요 저축 금액부터 현재까지 저축한 액수를 빼고 차액을 파악합니다. 다음에 그 차액을 수입 증가와 절약, 각각에서 어느 정도를 메울 수 있느냐를 정하고 구체적인 대책을 적용해나갑니다.

수입 증가 대책과 절약 대책의 금액은 나중에 구체적인 대책과 대조하며 정밀 조사할 것이므로, 이 단계에서는 대략적인 감각으로 정하시기 바랍니다. 앞에서 서술한 대로 수입 증가 대책을 생각하는 편이 장점이 크기 때문에, 사고 순서는 수입 증가 → 절약의 순서로 합시다. 그러면 이어서 수입 증가 대책과 절약 대책을 결정하는 법을 구체적으로 설명하겠습니다.

대책을 세우는 법

① 매달 필요한 저축액을 파악한다
② ①에서 현재 매달의 저축액을 뺀 뒤 차액을 파악한다

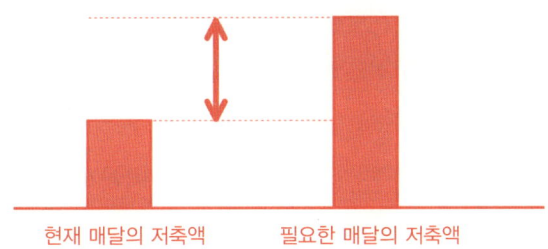

③ 수입 증가 방안과 절약 방안의 금액을 대략 정한다

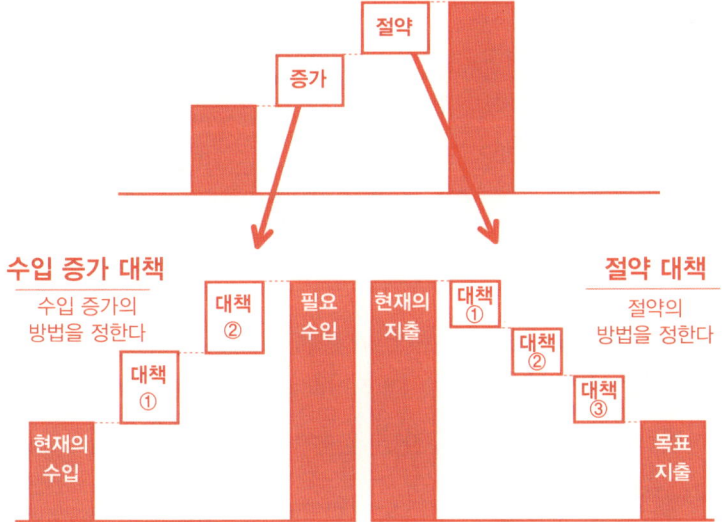

| **수입 증가의 우선순위를 매긴다**

수입 증가·절약 대책을 짜려고 할 때, 무엇을 검토해야 좋을지 혼란스러울 수도 있지만 전혀 걱정할 필요가 없습니다. 어떤 수단을 취하면 좋을지에 대한 밑바탕은 이미 완성되어 있습니다.

3부에서 소개한 돈을 불리기 위한 로직 트리를 떠올려주세요.

이 로직 트리는 돈을 불리기 위한 수단을, 누락되는 것도 없고 중복되는 것도 없도록 정리한 것입니다. 따라서 이 안에 여러분이 취할 대책도 반드시 있습니다.

그다음은 로직 트리로 정리된 방법 속에서 '어느 쪽을 선택하면 최소한의 노력으로 저축액을 늘릴 수 있는가?'를 찾아내는 것뿐입니다.

함께 생각해봅시다.

수입을 늘리는 수단은 여러 가지가 있지만, 이 가운데 우리가 취할 현실적인 방법은 '새로운 일을 추가로 하기'와 '자산 운용'의 2가지입니다.

'빌린 돈'은 일시적으로 수중의 돈이 늘어나지만 저축과 정반대의 행위이므로 제외합니다.

'얻은 돈'에 대해서도 남의 힘을 빌려온 것이니 저축 전략의 선

수입 증가 대책의 로직 트리

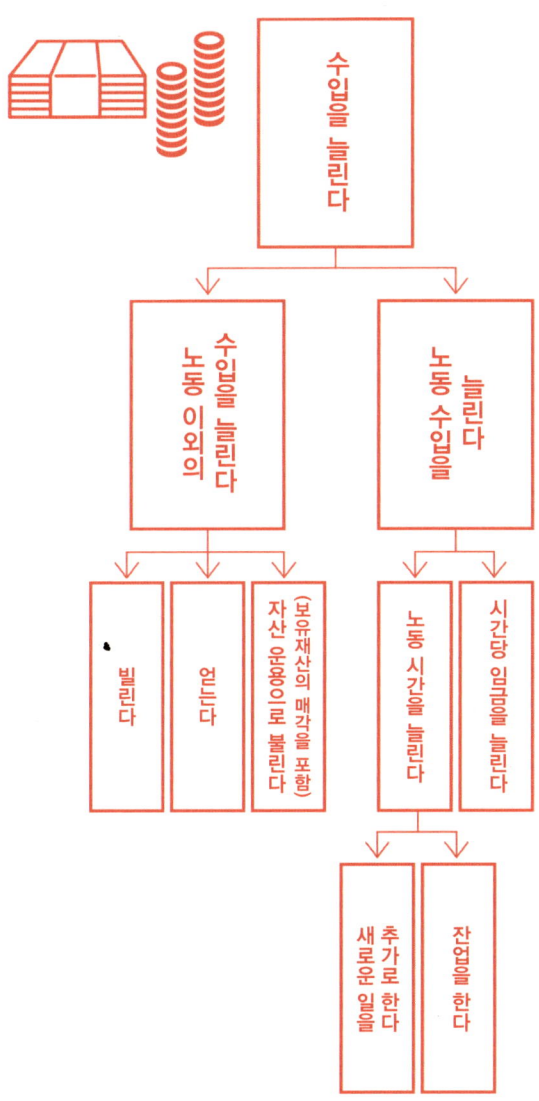

택 사항에는 넣지 않겠습니다.

'시간당 임금을 늘린다'는 중요한 수단이지만 승진이 전제가 되기 때문에 스스로가 컨트롤하기 어려운 측면이 있습니다. 계획에 끼워 넣지 말고 꾸준히 노력하는 게 좋을 것입니다.

남은 것은 '잔업'입니다. 이것은 즉효성이 있지만 '일에서 성과를 내기 위해서 하는 잔업'이 아니라 억지로 '수입을 늘리기 위한 잔업'은 피해야 합니다. 짧은 시간 동안 최대의 가치를 생산하기 위해 일하는 자세가 앞서 말한 승진, 시간당 임금 인상으로 연결되어 장기적인 관점에서 큰 도움이 됩니다. 눈앞의 이익에 사로잡혀 무의미한 잔업을 거듭하며 자신의 가치를 떨어뜨려서는 절대로 안 됩니다.

이런 이유로 수입을 늘리는 방법으로는 '새로운 일을 추가로 하기'와 '자산 운용'을 추천합니다. '자산 운용'에 대해서는 다음 장에서 자세히 설명하도록 하고, 여기에서는 '새로운 일을 추가로 하기'에 대해 설명하겠습니다.

'새로운 일을 하기'에는 전업 주부(남성 포함)가 일을 시작하는 것도 있고, 이외에 부업도 포함됩니다.

부업이라는 말을 들으면 좀처럼 시작해보기 어려운 일이라고 느끼십니까? '부업자의 취업에 관한 조사'에서는 취업자의 12명 중 1명이 부업을 하고 있고 부업자의 4분의 1에 해당하는 사람이 정사원이라는 통계 데이터가 공개되어 있습니다.

여러분이 잘하는 것, 노력해보고 싶은 것을 돈으로 환산할 수 있지는 않은가 한번 생각해보시기 바랍니다. 주말 시간을 활용해서 아르바이트를 하거나 인터넷을 이용해서 개인 인터넷 쇼핑몰을 하는 일 등 선택 사항은 여러 가지 있습니다.

'어떤 기술을 살리고 싶은가' '어느 정도의 시간을 할애할 수 있는가' '근무 장소의 제한(희망)은 어떠한가' '목표로 하는 수입은 어느 정도인가' 등의 제반 조건을 정리한 후에 인터넷이나 구인 정보지를 활용해 정보 수집을 합시다.

| **지출 삭감의 우선순위를 매긴다**

어떤 지출을 줄이는 것이 가장 효율적인지는 상황에 따라 달라집니다. 그래서 이 책에서는 평균적인 가정을 모델로 하여, 각 가정에 있어 최적인 수단을 쉽게 찾아내는 방법을 구체적으로 설명하겠습니다.

우선 4부에서 설명한 가계부의 지출 항목을 금액 순으로 늘어

가계부의 항목을 금액 순으로 나열한다

놓습니다. 이는 지출이 많을수록 삭감할 수 있는 액수가 크기 때문입니다.

월 10만 원의 지출에서 5만 원을 절약하기보다 월 50만 원의 지출에서 5만 원을 절약하는 게 쉽습니다. 또 월 50만 원의 지출에서는 10만 원 이상 절약이 가능한 것에 비해 10만 원의 지출에서는 아무리 최대로 절약해도 10만 원밖에 할 수 없습니다.

80대 20의 법칙에 따라 지출을 동결하려면 막대한 노력이 필요합니다.

위의 그림은 가구 연소득 5220만 원인 경우의 지출을 예로 실제 나열해본 것입니다. 이처럼 자신의 가계 상황을 정리해보길 추천합니다. 다음에는 각자의 상황에 맞게 쉽게 삭감할 수 있다 싶은 항목 순으로 지출 항목을 나열합니다.

이로써 최소한의 노력으로 무리 없이 지출을 줄이기 위한 우선순위를 매기게 됩니다. 고정비는 삭감을 실행할 때 우선순위를 높은 쪽으로 설정해주시기 바랍니다. 한 번 수정하면 그 이후에 효과가 지속되는 항목이 바로 고정비이기 때문에 삭감에 별로 노력을 들일 필요가 없습니다.

비용별로 감축하기 쉬운 항목은 상황마다 다릅니다.

"패션에는 돈을 아끼지 않고 있다."
"지병 때문에 의료비는 더 이상 줄이기 어렵다."
"아이 때문에 교육비는 아낌없이 쓴다."

이처럼 가계의 상황에 따라 영향을 받을 수 있습니다. 다음 페이지의 그림은 일반적인 관점에서 제가 분류한 사례입니다. 참고하는 정도로 보시면 됩니다. 금액 순으로 늘어놓은 왼쪽 그림에서 각 비용 항목을 추진하기 쉬운 순서에 따라 올리고 내린 것뿐입니다.

용돈이나 임대료는 고정비용이면서도 스스로 컨트롤할 수 있

삭감 항목의 우선순위 매핑도

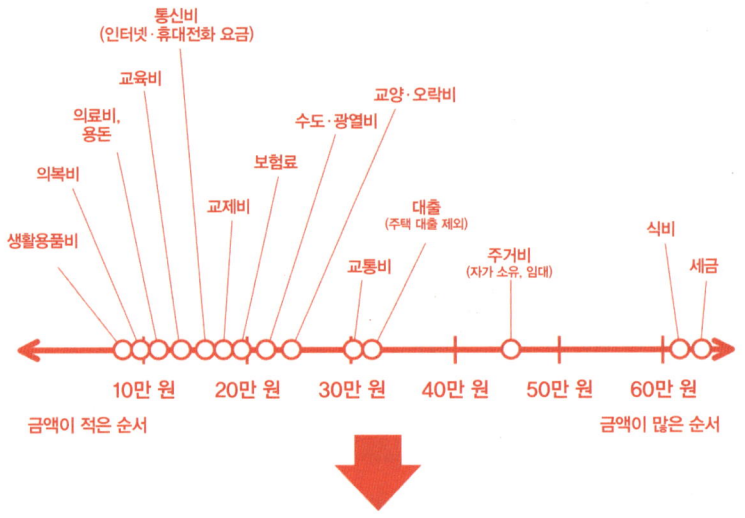

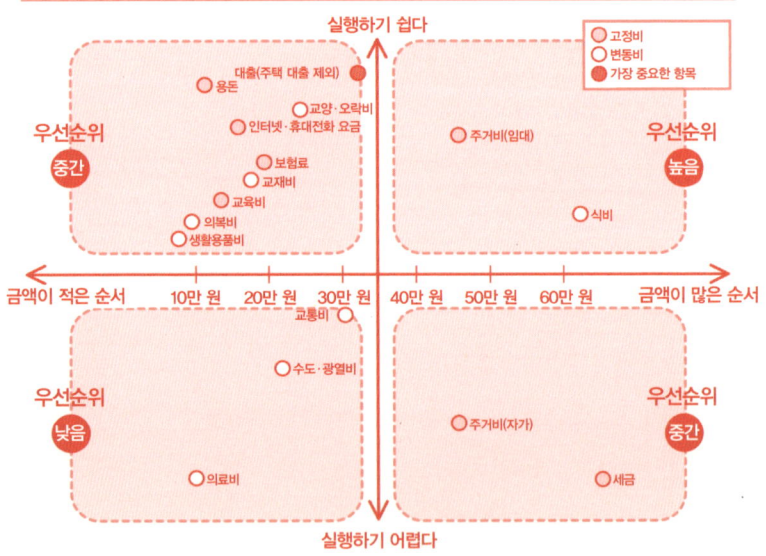

어서 줄이기가 쉽습니다. 생활용품비나 교양·오락비는 스스로 금액을 정하기 쉬운 항목이라는 점과 생활의 필요도를 감안해 다소 줄이기가 쉽다고 판단하여 내린 결과입니다.

교통비, 수도·광열비는 생활을 영위하기 위해서는 어떻게 해도 발생한다는 점과 계속적인 노력이 필요한 데 비해 효과가 작은 점을 고려해 줄이기 힘든 쪽으로 분류했습니다. 자가 소유 주택의 경우 대출 금리의 재편과 관리 비용의 감소 이외에는 절약의 자유도가 적으므로, 비교적 줄이기 어려울 것 같습니다.

마지막으로 세금과 의료비인데, 의료비는 병에 걸린다면 치료받을 필요가 있고 방치하면 자칫 풍요로운 생활에 큰 타격을 주는 만큼 가장 줄이기가 어렵습니다.

지출 항목의 삭감 우선순위

우선도	지출 항목
최우선	주거비(임대료), 식비
우선	용돈, 교양·오락비, 통신비, 보험료, 교제비, 주거비(자가 소유)※, 세금※
차선	교육비, 의복비, 생활용품비
기본적인 것, 절약대상 외	교통비, 수도·광열비, 의료비

※절약의 조건이 정리된 경우

세금은 큰 효과를 기대할 수 있는 반면, 전문적인 지식을 공부하지 않으면 절약하기 힘들기 때문에 줄이기가 어렵다고 판단했습니다. 또한 대출금은 이자 지급이 아까워서라도 가장 빨리 갚아야 할 사항이기 때문에 줄여나갈 필요가 있습니다.

사람에 따라 지출 항목의 분포는 달라지겠지만, 대부분이 앞에서 거론한 그림과 비슷할 것입니다.

이상을 정리하면 앞 페이지의 표처럼 우선순위가 나눠집니다. 이에 따라 지출을 줄이는 전략을 짜면 효율이 높아질 것입니다.

얼마나 절약했는지 눈으로 보라

'집세는 월 소득 ○%, 식비는 ○%, 용돈은 ○%가 좋다.'
이렇게 지출 비율을 정해놓고 절약을 하는 방법이 있습니다. 절약의 접근 방법 중 하나로는 '충분히 가능'하지만, 추천해드리고 싶지는 않습니다.

그 이유는 그동안 여러 차례 말해왔던 대로, 비율을 정해놓는 것으로는 목적 없는 절약에 빠지기 쉬우며 길게 지속하기가 힘들기 때문입니다.

예를 들어 전망 좋은 경치를 정말 좋아해서, 그것만 충족된다면 다른 오락비와 용돈이 거의 안 드는 사람이라면 경치를 위해 월세를 비싸게 내도 괜찮을 것입니다. 집세가 무조건 일정 비율을 넘어서면 안 된다는 식의 기준이 아니더라도 꿈을 향해 가는 자세를 취하고 있으면 충분한 것입니다.

대책의 우선순위가 정해지면, 다음에는 대책별 수입 증가액이나 절약 금액을 결정합니다.

여기서 생각해보아야 할 것이 '완벽한 절약을 목표로 삼지 않는다(80대 20의 법칙)'입니다. 식비의 우선도가 높다고, 50원 싼 계란을 사기 위해 자전거로 10킬로미터 앞 슈퍼마켓까지 가는 것은 노력과 시간에 있어 큰 손해입니다. 그 노력과 시간을 다른 수입 증가 대책이나 절약 대책으로 돌리는 것이 낫습니다.

다음 예를 읽고 대책별 수입 증가액이나 절약 금액을 정해 이미지를 그려보기 바랍니다.

전제 조건
- 외벌이 가구 연소득 5220만 원
- 연간 저축 금액을 현재보다 700만 원 늘리고 싶다
- 현재의 수입은 월 435만 원(세금 포함)
- 생활비는 월 339만 원

- 자산 운용에 돌릴 수 있는 자금 6000만 원
- 주거비는 임대료 월 44만 원

※ 금액에 따라 '수입 증가액'이나 '절세 금액'을 정한 스텝이어서 구체적인 '꿈'의 내용이나 저축 금액 얼마를 목표로 하고 있는지 등은 제외.

　실질 저축액을 연간 700만 원 늘리려면 세금과 여유분 등을 감안했을 때 '수입 증가 대책' 과 '절약 대책'을 합쳐 800만 원가량의 비용을 아낄 필요가 있습니다. 800만 원을 12개월로 나누면 대략 월 67만 원의 수입 증가·절약이 필요합니다.
　다음은 67만 원을 '수입 증가'와 '절약'에서 어떻게 배분할까 하는 것인데, 여기에는 실현성을 가미하면서 저축의 잠재능력을 확보하기 위하여 가급적 수입 증가 쪽으로 할당하시기 바랍니다.

수입 증가 예시

- 전업 주부(남성 포함)가 시급 8000원의 시간제 근무를 주 3회, 하루 4시간 하는 것으로 월 40만 원의 수입 증가
- 6000만 원의 자금을 연 2%로 운용하여 연간 120만 원, 월 10만 원의 수입 증가

여기에서는 '새로운 일을 추가로 한다'와 '자산 운용'의 두 가지

수입 증가 대책을 선택했습니다. 외벌이 가정이었기 때문에 전업 주부(남성 포함)가 시간제로 일해서 월 40만 원의 수익 증가, 자산 운용에서 월 10만 원의 증가를 예상하고 있습니다.

　이때 임시 계산에서 중요한 것은 현실적인 수치로 계획을 세우는 것입니다.

　예를 들어 유치원에 맡긴 아이가 오후 2시에 돌아오는데, 하루에 8시간을 근무하는 것으로 계산하거나 시급을 시세보다 높게 계산해서는 안 됩니다.

수입 증가 대책의 예

- 전업 주부(남성 포함)가 시급 8000원의 시간제 근무를 주 3회, 하루 4시간 하는 것으로 월 40만 원의 수입 증가
- 6000만 원의 자금을 연 2%로 운용하고 연간 120만 원, 월 10만 원의 수입 증가

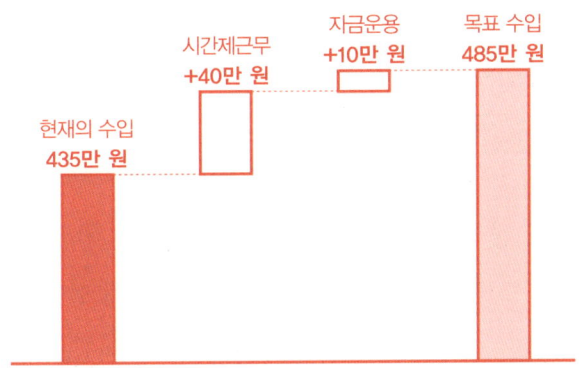

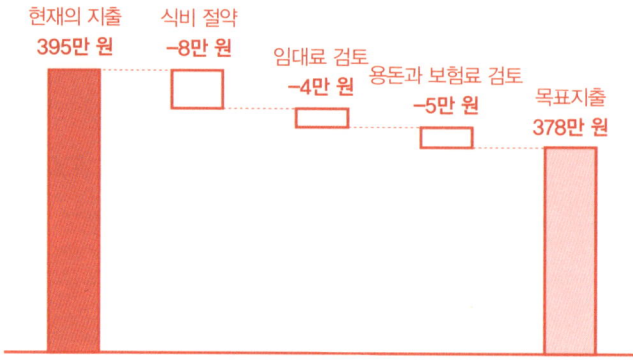

절약 대책의 예

- 월 62만 원의 식비에서 8만 원 삭감(약 13% 감소)
- 월 44만 원의 임대료에서 40만 원의 임대료인 집으로 이사해서 4만 원 삭감 (약 9% 감소)
- 용돈과 보험료를 재검토해 월 5만 원 삭감(약 18% 감소)

자산 운용 역시 깐깐한 운용 이율로 계획을 세웁시다. 예정보다 수입을 많이 얻었으면 그만큼 많이 저축해 계획을 앞당기면 됩니다. 목표 수치는 현실적으로 세워봅시다.

이 시점에서 수입 증가액은 월 50만 원이라고 예상해서 계산했고, 월 67만 원의 수입 증가·절약을 달성하려면 나머지 17만 원의 절약이 필요합니다.

좀 전에 정리한 절약 우선순위인 '식비' '주거비(임대)' '용돈과 보험료'에 검토의 여지가 있는 것으로 판단해 절약 대책을 세웁니다. 절약 대책의 우선순위를 부여한 표를 바탕으로 무리 없는 범위에서의 대책을 세웁니다. 절약액은 최대라 하더라도 현행 20%를 목표로 하고 보기 바랍니다.

이 단계에서 각각의 대책을 도입해본 결과 목표액에 못 미칠 것으로 보이면, 목표로 설정한 기준이 너무 높을 가능성이 있습니다. 그런 경우 4부로 돌아가 기간과 꿈의 실현에 드는 비용을 검토해서 기준을 낮추시기 바랍니다.

Chapter 02

로드맵을
인생 지도로 삼자

> *Point*
> 할 일이 정해지면, 다음은 PDCA를 의식해서
> 실천과 기록을 하기만 하면 됩니다.

저축의 로드맵, 10년 후의 내가 보인다

목적을 정하고 구체적인 목표를 그리고 목표에 도달하기 위한 수단도 정했습니다. 그다음에는 PDCA를 돌리기 위한 로드맵을 작성하면 완성입니다.

로드맵은 곧 계획표가 되며, 가능하다면 엑셀을 사용해 작성합시다. 도저히 컴퓨터를 다루기 힘든 분은 종이에 손으로 써도 상관없습니다. 표의 틀을 만드는 방법은 다음과 같습니다. 다음 페이지의 표를 참고해주세요.

우선 표의 윗줄(가로줄)에 한 달 단위로 연도와 월을 배치합니다.
표의 옆줄(세로줄)에 라이프 이벤트, 수입 증가 대책, 절약 대책으로 월별 목표, 실제의 저축액, 그 차액을 배치합니다.

저축의 로드맵을 만드는 방법

표를 만드는 방법

- 표의 윗줄(가로줄)에 월 단위로 시간을 배치
- 표의 옆줄(세로줄)에 라이프 이벤트, 수입 증가 대책, 절약 대책과 월별 목표액, 실제 저축액, 그 차액을 배치. 각 금액에 따른 누계액 란을 두고 기재

포인트1

	20XX년											
	1월	2월	3월	4월	5월	6월	7월	8월	9월	10월	11월	12월
라이프 이벤트	▼ 장남 초등학교 입학									▼ 결혼 10주년		
수입 증가 대책1	● 시간제 아르바이트 검색 시작			● 아르바이트 시작								
수입 증가 대책2			● 자산 운용 상품 검토			● 자산 운용 시작						
절약 대책1				● 식비 삭감 시작								
절약 대책2	● 임대 주택 찾기		● 이사									
절약 대책3					● 용돈, 보험료 검토							
목표 저축액 (월별)	60	60	77	77	117	117	127	127	127	127	127	127
실제 저축액 (월별)	60	60	77	77	122	112	127	127	127	127	127	112
목표와의 차이 (월별)	0	0	0	0	5	−5	0	0	0	0	0	−15
목표 저축액 (누계)	60	120	197	274	391	508	635	762	889	1,016	1,143	1,270
실제 저축액 (누계)	60	120	197	274	396	508	635	762	889	1,016	1,143	1,255
목표와의 차이 (누계)	0	0	0	0	5	0	0	0	0	0	0	−15

포인트2

포인트3

로드맵 작성(기입)의 포인트

1. 라이프 이벤트 기입
2. 대책 준비 기간 기입
3. 목표차와 실적을 비교

20XX년											
1월	2월	3월	4월	5월	6월	7월	8월	9월	10월	11월	12월
127	127	127	127	127	127	127	127	127	127	127	127
112	137	137	137	127							
−15	10	10	10	0							
1,397	1,524	1,651	1,778	1,905	2,032	2,159	2,286	2,413	2,540	2,667	2,794
1,367	1,504	1,641	1,778	1,905							
−30	−20	−10	0	0							

(단위: 만 원)

각 금액에 대해서는 누계액수 란을 만들어 직접 기재할 수 있도록 합니다.

우선 이 포맷을 작성하고, 필요 사항을 채워주십시오. 이 표는 좀 전 다룬 외벌이 가구 연소득 5220만 원의 예를 바탕으로 각종 항목을 채워넣었습니다.

예를 바탕으로 로드맵 작성의 3가지 포인트를 말씀드리겠습니다.

포인트 1: 라이프 이벤트 기입

큰 지출이 예상되는 이벤트가 있으면 로드맵에 미리 기재하고 항상 확인할 수 있도록 해두면 계획적인 저축에 도움이 됩니다.

예) 자녀 진학, 차량 교체, 고액 가전제품의 교체, 귀성

포인트 2: 대책 준비 기간 기입

수입 증가, 절약의 각종 대책 중에는 실시 전에 준비 기간이 필요한 것이 있습니다. 이 준비 기간을 반영해 로드맵에 적용합니다.

예) 구직, 이사 갈 곳 검색, 자격 취득 기간

포인트 3: 목표치와 실적을 비교

목표치와 실적은 비교하기 쉬운 형태로 기록하는 것이 중요합니다. 몇 년이 걸리는 계획이라도, 월 단위로 돌아봄으로써 꿈을

향해 착실히 나아가고 있다는 만족감을 얻으면서 저축 생활을 보낼 수 있습니다. 또 목표치와 실적에 괴리가 발생한 경우는 원인을 찾아내 당장 개선책을 찾을 수 있게 됩니다. 저축액이 기재되어 있는 로드맵은 여러분과 여러분 가족에게 있어 소중한 꿈을 향해가는 노력의 궤적이 됩니다. 로드맵이 완성되면 PDCA를 의식하고 실행하기만 하면 됩니다.

지금까지 말씀드린 로지컬 씽킹과 비즈니스 프레임워크를 활용해 작성된 로드맵에는 무리와 낭비, 편중이 없고 최대 효율로 저축할 수 있는 목표까지의 궤적(대책, 금액, 기간)이 그려져 있습니다.

그다음에는 계획대로 실행만 하면, 여러분은 최고의 스피드와 최대의 효율로 꿈에 접근해나갈 수 있습니다.

이번 부의 요약

- 저축 전략은 수입의 증가→절약의 순서로 대책을 검토한다.

- 수입 증가 대책과 절약 대책은, 돈을 모으는 수단이 망라된 로직 트리 부분을 참고하여 고른다.

- 선택해야 할 수입 증가 방안으로는 '새로운 일을 추가로 하기'와 '자산 운용'이 유력하다.

- 지출 삭감의 수단을 선택하는 기준은 '금액의 크기가 큰 것부터'와 '손을 대기 쉬운 것부터'로 한다.

- 수단이 정해지면 로드맵을 작성해 PDCA를 실행한다.

Part 6.
부부 중 하나가 쉬어도 끄떡없는 시스템

Chapter 01

'자산 운용'이라는 무기를 손에 넣자

> *Point*
> 자산 운용은 저축을 뒷받침해주면서
> 동시에 자산 가치 하락을 피하도록 하는 장점이 있습니다.

| 저축 생활의 강력한 뒷받침

지금까지 말씀드린 것을 실천하면 효율적인 저축 생활을 보낼 수 있습니다. 여기에서는 저축 생활이 진행되어 어느 정도의 돈이 모인 다음에 할 '자산 운용'에 대해 설명합니다.

'자산 운용'이라는 말을 들으면, 저축보다 진입장벽이 높다고 느낄 수 있습니다. 그러나 자산 운용은 저축 생활을 강력히 뒷받침해주는 무기가 되고, 이를 손에 넣으면 저축을 가속할 수 있습니다. 긴장하지 말고 가벼운 마음으로 저축 생활에서 자산 운용의 역할을 함께 생각해봅시다.

덧붙여 이번 장에서는 포트폴리오를 짜는 방법과 투자 타이밍, 혹은 추천 주식 같은 '자산 운용 방법'에 초점을 맞추는 것이 아니라, 저축 생활에서의 '자산 운용 실태'를 소개합니다.

문득 정신을 차려보면 지불과 노후 자금 준비에 쫓겨 자신의 꿈을 실현하기 위한 돈을 모으지 못하는 상황을 1부에서 말씀드린 바 있습니다. 여기서는 저축 생활에 최적화한 자산 운용으로 이런 상황에서 벗어나 보다 풍요로운 생활을 실현하는 것을 목표로 합시다.

리스크 감소, 절대 잃지 마라

우선 자산 운용의 필요성에 대해 간단하게 확인해둡시다.

401K[1], NISA[2] 등의 영향으로 자산 운용이 대중화되었다고는 하지만 '손해를 보기는 싫다' '왠지 무섭다'라는 이유로 운용을 꺼리고 있는 분도 아직 많을 것입니다.

예금하는 것이 가장 견실하다고 생각하기 쉽지만 사실은 자산

---

[1] 확정 기여형 기업연금: 1980년대 도입된 미국의 대표적인 기업연금 중 하나. 401K란 미국의 근로자 퇴직소득보장법의 401조 K항에 규정되어 있기 때문에 붙은 이름이다. 미국 근로자의 보편적인 연금제도로 약 5000만 명이 가입되어 있다. 근로자가 월급에서 일정 비율을 떼어내고 회사도 일정 비율을 지원해 펀드를 만든다. 이렇게 만든 적립금은 근로자의 지시에 따라 자산 운용사들이 운용한다. 투자금에 대해서는 소득세를 계산할 때 과세표준에서 제외되며, 나중에 연금을 찾아서 쓰는 시점에 과세된다.

[2] 소액 투자 비과세 제도Nippon Indinvidual Saving Account: 일본정부가 2013년 10월에 도입한 비과세 투자 상품. 세금 혜택이 큰 영국의 개인저축계좌인 ISA를 본떠 만든 것인데 투자원금 1000만 원 한도 내에서, 위험자산에 투자한 자금의 매각이익과 배당 등에 대해 최장 5년간 비과세혜택을 주도록 하는 제도이다. 일본에 거주하는 20세 이상의 성인을 대상으로 한다.

자산 가치는 변동한다

즉

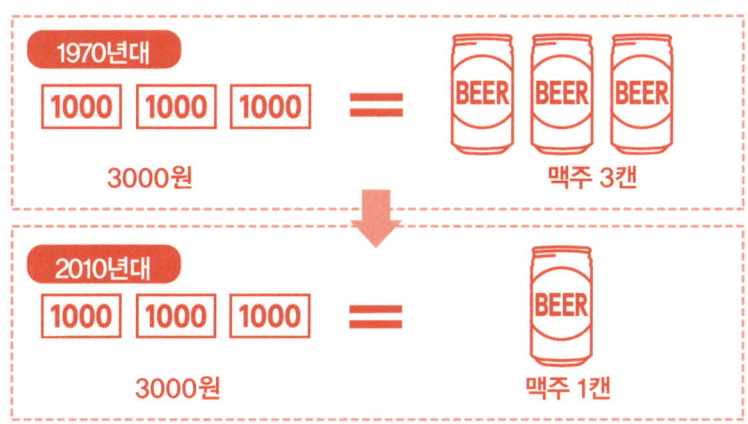

같은 3000원이라도 가치는 3분의 1로 떨어졌다!

자산의 가치하락을 피하기 위해서는
물가 상승과 같은 정도 비율로 자산을 늘릴 필요가 있다을 운용하지 않겠다는 선택도 리스크를 안고 있습니다.

가장 알기 쉬운 것이 물가 상승에 따른 현금 가치의 하락입니다. 앞 페이지의 그래프는 1970년을 기준으로 한 식량의 소비자 물가지수를 나타낸 것입니다.

식량의 소비자물가지수는 1991년 이후 정체 상태이기는 하지만, 1970년과 현재를 비교하면 3배까지 상승했습니다.

이는 예전에는 1000원으로 구입할 수 있던 맥주가 현재는 3000원을 내야만 살 수 있다는 것을 나타냅니다. 이 기간에 수중에 있는 3000원을 자산 운용하지 않고 장롱 예금이나 현재와 같이 초저금리인 은행에 예금했다면 어떻게 될까요?

1970년에는 3개 살 수 있던 맥주를 1개밖에 살 수 없게 됩니다.

즉 물가가 오르고 있는 가운데 현금을 그냥 보관만 했기 때문에 가치가 3분의 1이 되어버린 것입니다. 액면가는 3000원 그대로지만 가치는 3분의 1로 감소했습니다.

3000원이면 타격이 크지 않습니다만, 그것이 열심히 모은 3000만 원이라면 어떨까요?

그 가치가 1000만 원이 되어버리면 서글플 것입니다.

이런 사태를 피하려면 최소한 물가 상승과 비슷한 비율로 자산을 늘려야 합니다. 요 근래 20년 정도는 물가의 변동이 별로 없어서 운용의 필요성을 절감하기 어려운 시기가 이어졌지만 향후에도 물가가 제자리걸음일지는 미지수입니다.

또 세금이 오르면 물가도 필연적으로 올라갑니다. 자산이 감소하는 리스크를 피한다는 의미에서 자산 운용은 필요성을 더해가는 것입니다.

| 공짜로 외식하고, 공짜로 운동하자

자산 운용의 필요성은 자산이 감소하는 리스크에 대비한다는 부정적 요인뿐 아니라, 저축 생활을 뒷받침해주는 긍정적 요인도 있습니다.

첫 번째는 수입 경로를 늘리는 데에 따른 가계의 안정
두 번째는 수입 증가에 따른 저축의 가속
세 번째는 앞에서 말한 지불에 쫓기는 삶으로부터 탈출

자산 운용에 따라 자산을 어떻게 불리는지는 은행이나 증권 회사의 시뮬레이션에서 자주 볼 수 있습니다.

대부분의 경우 3~10% 복리 운용(운용으로 얻은 이익을 원금에 추가해 나가는 방식)을 모델로 계산하지만 단리(이익을 운용 자금에 넣지 않는 방식)에서도 충분히 효과를 볼 수 있습니다.

1000만 원을 3%로 운용하면 1년에 30만 원의 이득이 생깁니다.

1년간 운용해서 얻을 수 있는 이익(목표 기준)

운용액 \ 운용이율	1.0%	2.0%	3.0%
1000만 원	10만 원	20만 원	30만 원
3000만 원	30만 원	60만 원	90만 원
5000만 원	50만 원	100만 원	150만 원
7000만 원	70만 원	140만 원	210만 원
1억 원	100만 원	200만 원	300만 원

　월 2만 5000원이라는 액수가 적다고 느낄지도 모릅니다. 하지만 거의 아무 노력을 들이지 않고 매월 1회 고급 점심식사를 할 수 있는 금액이 손에 들어오게 되는 것이 기쁘지 않습니까?

　원금이 1000만 원에서 3000만 원이 되면 1년에 90만 원, 월 7만 5000원의 이득이 생깁니다. 이 정도면 헬스클럽에도 거의 공짜로 다닐 수 있습니다. 1억 원이 되면 월 25만 원, 매달 용돈만큼의 돈이 평생 들어오게 되는 것입니다.

　모처럼 모은 돈이니까 가치가 줄어드는 리스크에 노출시키지 말고 그 돈으로 새로운 돈을 낳는 구조를 만드는 것이 합리적이지 않겠습니까?

로 리스크, 로 리턴 철칙!

그럼 어떤 자산 운용 방법이 저축 생활에 좋은지를 생각해봅시다.

자산 운용을 하는 데 있어 가장 중요한 포인트는 '욕심을 부려 저축액이 줄어들게 해서는 안 된다'라는 점입니다.

상상해보십시오. '꿈을 실현하기 위해 몇 달 동안, 혹은 몇 년 동안 꾸준히 모은 돈이 자산 운용의 실패로 줄어든다면…….' 분명히 열심히 모아온 돈에 대한 희망까지 잃어버리게 될 것입니다. 이번에는 반대로 자산 운용을 해서 돈이 늘어난 경우를 상상해보시기 바랍니다.

비록 그게 적은 금액이라도 자신이 모은 돈이 새로운 돈을 낳고 자신의 저축을 지원하고 있다면 그 만족감과 든든한 기분은 여러분이 저축하고자 하는 의욕을 더욱 뒷받침해줄 것입니다.

그럼에도 불구하고 사람은 운용이 좀 잘되면, 신이 나서 하이 리스크·하이 리턴 상품에 손을 대고 맙니다. 또 손해를 보면 어떻게든 그 손실분의 보충을 위해 리스크를 생각하지 않고 높은 리턴을 추구합니다.

상황이 어떠하든 하이 리스크 상품에 손을 대서 자산 운용을 도박으로 바꿔서는 안 됩니다. 저축 생활에서의 자산 운용은 저축 생활에 확실하게 플러스가 되고 여러분의 저축 의욕을 높이는

자산 운용 상품의 리스크와 리턴

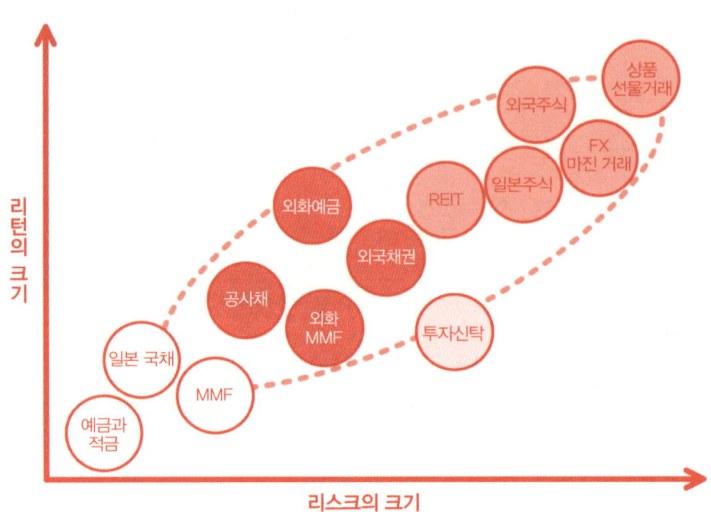

하이 리스크 · 하이 리턴
상품 선물 거래, FX마진 거래, 외국 주식…

로 리스크 · 로 리턴
일본 국채, MMF, 공사채, 외화 MMF…

**저축을 위한 자산 운용에서는
로 리스크 · 로 리턴의 상품을 고른다**

역할이어야 합니다.

　이익은 투자액의 1~3%면 충분합니다. 로 리스크인 상품으로 분류되는 일본 국채의 이율이라도 10년, 20년, 30년에 각각 대략 0.45%, 1.25%, 1.53%(2014년 11월 기준)은 합니다. 따라서 1~3% 이율은 불경기라 해도 무리하지 않고 실현 가능합니다.

　앞 페이지의 그림은 자산 운용 상품을 리스크와 리턴의 크기로 분류한 그래프입니다. 이 그림에서 알 수 있듯이 리턴의 크기와 리스크의 크기는 정비례합니다.

　즉 수익성이 높은 제품은 안전하지 않고, 안전성이 높은 상품은 수익성이 낮습니다. 물론 로 리스크·로 리턴의 상품을 선택했다고 해서 이익 획득이 약속되는 것도 아니고, 하이 리스크·하이 리턴 상품이라도 전문 지식이 있으면 어느 정도 위험을 줄일 수 있습니다.

　그래도 저축 생활을 원칙으로 할 때는 하이 리스크 상품을 선택해서는 안 됩니다.

　실제로 처음 자산 운용을 할 때에는 우선 자기 스스로 책이나 인터넷 정보를 바탕으로 운용에 대해 공부를 해야 합니다. 그런 다음에 은행이나 증권 회사에 로 리스크를 전제로 2~3%로 운용하고 싶다는 뜻을 전해서, 상품 선물 거래나 FX마진 거래 등의 하이 리스크 상품으로 편중되지 않는 상품(또는 상품의 조합)에 대한 조언을 받으시길 바랍니다.

그 선택이 틀리더라도 마음을 비우고 그동안의 노력을 허사로 돌리는 짓은 하지 마시기 바랍니다. 몇 번이나 말하지만 수익성이 높은 상품은 '리스크도 높은 것'입니다.

바로 현금화할 수 있는 게 좋다

저축을 위한 자산 운용 상품은 언제든지 돈으로 바꿀 수 있는 '유동성이 높은 자산'일 필요가 있습니다. 3년 이상 운용 기간을 상정하면 예측 불허의 사태가 발생할 가능성이 충분히 있습니다.

자산을 운용하는 데 따른 장점은 많이 있지만, 모처럼 자산(현금)을 갖고 있는데, 만일의 사태에 대처하지 못하면 의미가 없을 것입니다. 예측 불허의 사태가 발생해 갑자기 돈이 필요할 경우 자산 운용 상품의 계약을 해제하여 현금화할 필요가 생깁니다. 이때 곧 현금화할 수 없는 상품이나 계약을 해약했을 때 해약 수수료가 높은 상품을 선택했다면, 저축 생활에 큰 악영향을 주게 되는 것입니다. 언제라도 운용을 그만두고 환금할 수 있는 상품을 갖고 있는 것이 바람직합니다. 유동성이 높은 상품을 알아보기 위해서는 3가지 관점이 필요합니다.

① 만기가 길거나 환불이 안 되는 기간이 설정되어 있지 않은가

저축 생활을 위한 금융 상품의 선별법

다음 3가지 체크포인트를 통과한 것만 선택합니다

안전성과 환금성이
높은 것만 고릅시다

만기까지의 기간이나 환불이 안 되는 기간이 길수록 유동성이 낮습니다.

② 해약을 할 수 있나

만기가 되지 않고도 중도 해약할 수 있는 상품이 있습니다. 다만 본인 사망이나 높은 해약금 등의 조건이 따라붙는 경우도 적지 않으니 중도 해약 조건을 미리 파악해둘 필요가 있습니다. 조건이 까다로워 실질적으로 중도 해약이 불가능한 상품은 유동성이 낮습니다.

③ 팔기 쉬운가

현금화하고 싶어도 살 사람이 없어서 팔지 못하면 돈은 들어오지 않습니다. 인기 없는 상품은 유동성이 낮습니다.

마지막으로 한 가지 가장 표준적인 방법을 말씀드리겠습니다. 투자 신탁에서 유동성이 높은 인덱스 펀드[※1]를 선택해서 평균분할투자[※2]로 사는 것이 효과적인 접근 방법의 하나라고 저는 생각합니다.

※1 인덱스 펀드: 목표지수인 인덱스를 선정해 이 지수와 돌일한 수익률을 올릴 수 있도록 운용하는 펀드.

※2 평균분할투자: Dollar Cost Averaging. 목표로 하는 금융상품을 일정기간 동안 꾸준하게 사서 매입 평균 다가를 낮추는 투자 방법.

Chapter 02

연간 이익 1600만 원, 꿈은 아니다

Point
자산 운용으로 과당 경쟁을 벗어나지 않겠습니까?

운용 이익으로 원하는 것을 손에 넣는다

돈은 쓰지 않으면 본래의 가치를 발휘하지 못한다고 말씀드렸습니다. 하지만 정작 꿈을 실현하기 위해 돈을 썼더니, 노력하고 모은 돈이 사라지는 것이 아깝다는 생각이 들었습니다.

"모처럼 모은 돈을 잃지 않고 꿈을 실현할 수 없을까?"

이 숙제를 해결하기 위해 자산을 어떻게 운용할지 머리를 짜내서 도전해봅시다.

만일 여러분이 집을 구입하기 위해 3억 원을 모았다고 합시다. 구입하기 위한 선택 사항에는 다음의 2가지가 있습니다.

- 현금으로 일괄 구입한다
- 최대한 돈을 빌려서 구입하고 수중의 돈은 자산 운용을 한다

자, 그렇다면 어느 쪽을 선택해야 할까요?

대충 시뮬레이션을 하면 다음과 같이 될 것입니다.

일괄 구입을 하는 경우, 구입할 때의 순자산은 집값 3억 원이며, 그 뒤 주거 가치는 매년 600만 원씩 줄어들 것으로 가정합니다.

담보 대출을 받은 경우에는 계약금 3000만 원과 대출 수수료 제반 비용 200만 원을 수중의 현금에서 내고 남은 2억 6800만 원을 수익률 2%로 단리 운용합니다. 주택 담보 대출은 1.8% 고정 금리로 2억 7000만 원을 빌려 35년에 걸쳐 상환합니다. 그 외의 조건은 일괄 구입을 할 경우와 같습니다.

시뮬레이션의 전제와 결과는 다음 페이지의 그림을 보기 바랍니다.

양자의 순자산액은 10년에서 3200만 원, 20년 후에는 5400만 원의 차이가 나서, '자산 운용과 대출'을 조합한 것이 확실하게 이득입니다.

시뮬레이션 결과로부터 30년 후를 내다보면 일괄 구입을 할 경우, 수중에 있는 돈은 현금 3억 600만 원이 됩니다.

이에 비해 자산 운용과 대출을 조합하면, 현금 4770만 원과 즉시 현금으로 바꿀 수 있는 유동성 자산 2억 6800만 원, 주택 융자 공제액 2380만 원, 그리고 운용 이익 1억 6080만 원을 더해 합계 5억 30만 원이 되고 여기서 대출 잔고 4970만 원을 빼면 4억

집을 '현금 일괄 구입'하는 것과 '대출+자산 운용' 중 어느 쪽이 이득?

시뮬레이션의 전제 조건

현금 일괄 구입
- 현금 3억 원으로 주거(집 2억 원, 토지 1억 원)를 일괄 구입
- 집의 가치는 매년 600만 원씩 하락해 최종적으로는 2000만 원에서 하락이 멈춘다
- 가계는 매년 1200만 원의 흑자를 내므로, 1년당 현금이 1200만 원 증가

대출+자산 운용
- 주거(집 2억 원, 토지 1억 원)를 장기담보대출로 구입
- 계약금 3000만 원, 대출 절차 비용(대출 수수료·인지대·등록 면허세 등) 200만 원을 현금으로 낸다.
- 대출 금액은 2억 7000만 원으로, 금리는 1.8%
- 주택 융자 감세를 고려(대출 잔액 1%를 10년간)
- 자산 운용의 원금은 3억 원에서 계약금과 제반 비용을 뺀 2억 6800만 원
- 이율 2%로 단리 운용
- 집의 가치는 매년 600만 원씩 하락해 최종적으로는 2000만 원으로 하락이 멈춘다 (일괄 구입과 같은 조건)
- 가계는 매년 1200만 원의 흑자를 내므로, 매년 빚을 갚고 남은 만큼 현금이 늘어난다 (일괄 구입과 같은 조건)

(만 원)

구입 방법	자산·부채	구입 당시	1년 후	10년 후	20년 후	30년 후
일괄 구입	순자산	30,000	30,600	36,000	42,000	48,000
	현금	0	1,200	12,000	24,000	36,000
	집	20,000	19,400	14,000	8,000	2,000
	토지	10,000	10,000	10,000	10,000	10,000
자산 운용 + 대출	순자산	29,800	30,720	39,200	47,410	57,060
	현금	0	160	1,590	3,180	4,770
	운용원금	26,800	26,800	26,800	26,800	26,800
	운용 이익	0	536	5,360	10,720	16,080
	주택 담보대출 공제액	0	260	2,380	2,380	2,380
	집	20,000	19,400	14,000	8,000	2,000
	토지	10,000	10,000	10,000	10,000	10,000
	대출금	27,000	26,440	26,440	13,670	4,970

**대출+자산 운용을 하는 쪽이
10년 후 3200만 원, 20년 후 5400만 원 이득이다!**

5060만 원이 됩니다. 9000만 원의 차이는 큽니다.

게다가 이 경우는 단리 운용을 전제로 했는데, 복리로 운용하는 경우에는 30년 후의 차액이 2억 6000만 원 이상이 됩니다. 주택(꿈의 실현)은 모은 돈으로 구입하지 말고 그 돈을 운용해서 운용 자금으로 대출금을 갚아나가는 편이 효율 면에서 좋습니다.

특히 지금처럼 대출 금리가 낮은 상황이라면 그만큼 혜택이 커집니다. 또 앞에서 말한 대로 수중에 현금(유동성 자산)을 남겨두면 갑자기 돈이 필요하게 되었을 때의 대응력도 올라가기 때문에 가계가 더 안정적이 됩니다.

단리 운용에다가 수익률 2%라는 까다로운 조건으로 시뮬레이션을 했지만 조건이 더 어려워질 경우에 손해를 보지는 않을지도 생각해봅시다. 이를 위해 애초에 로 리스크의 상품을 선택했는데 결과적으로 운용에서 실패해 최종 이율이 국채 수준인 1%인 경우를 가정해봅시다.

이 경우에서도 일괄 구입과 비교해 10년에 500만 원, 20년에 50만 원(주택 융자 감세 효과가 없기 때문), 30년에 1000만 원 이득입니다.

일괄 구입과의 차이가 거의 없어져버리지만, 그래도 자산 운용을 추천합니다. 왜냐하면 일괄 구입의 경우 구입 시에 현금이 수중에 남지 않아 선택 사항이 좁아지는 것에 비해 유동성 자산으로 운용하는 경우에는 언제나 자산을 팔아 대출금을 완납할 수 있는 것은 물론이거니와 이율 좋은 다른 상품으로 바꾸는 것도 가능하기 때문입니다. 또 이자 1%로 복리 운용한 경우에는 30년 후 합계 5000만 원의 이득을 창출할 수 있습니다.

| 돈이 돈을 낳는 힘

주거를 예로 꼽았지만 다른 꿈을 실현하는 데 있어서도 마찬가지입니다. '차를 갖고 싶다' '해외여행을 하고 싶다' 이런 꿈을 실현하기 위한 자금을 저축에서 직접 아껴서 내는 것이 아니라, 일부라도 운용으로 돌려서 그 운용 이익으로 꿈의 실현을 위한 자금을 낼 수 있도록 돈의 흐름을 바꿔가는 것입니다. 저축 생활을 진행하고, 이런 접근 방식을 반복하면서 꿈을 실현해가면, 그때마다 자산 운용액이 늘어나는 동시에 여러분의 저축을 지원해주는 힘도 커집니다.

돈이 돈을 낳는 힘이 되도록 종잣돈을 크게 키우고, 종잣돈에는 손을 대지 않고, 거기에서 생겨난 이익으로 꾸려나간다는 사고방식을 실천하면 꿈을 이룰 수 있는 힘은 비약적으로 높아져갈 것입니다.

저는 이렇게 생각하면서 실제로 자금을 운용하기 시작했습니다. 7년간의 저축 생활을 이어온 결과, 2014년 말의 시점에서는 약 4억 5000만 원의 자산을 운용하고 있으며 연간 이익은 1600만 원 정도입니다.

매년 1600만 원의 수입이 주는 영향력은 큽니다. 자산 운용으로부터 얻는 수입을 3년간 모으면 호화 여객선으로 세계 일주를 할 수 있습니다. 임대료와 주택 담보 대출금을 반환하면 살 곳도 곤란하지 않습니다.

여기서 이번 부의 첫머리와 1부에서 언급한 '돈 모으는 방법·쓰는 방법'에 대해 다시 한 번 생각해봅시다. 많은 사람들이 어떤 형태가 됐건 궁극적으로는 수억 원의 집을 구입하고, 교육비를 들이고, 노후를 위한 거액의 자금을 준비합니다. 결과적으로 평생의 세대 수입이 20억 원을 넘는데도 불구하고 지불에 쫓기는 생활을 30년 이상 계속하는 것이 일반적입니다.

어차피 같은 것을 구입하고 같은 금액을 지불한다면 돈의 흐름을 조금 연구해 계속 지불에 쫓기는 삶에서 탈출하지 않겠습니까?

이를 실현하기 위해 필요한 저축 생활의 노하우와 저축에 최적화한 자산 운용에 대한 사고방식은 이미 앞에서 모두 말씀드렸습니다. 이제 여러분은 행동을 하기만 하면 됩니다.

'효율적인 저축 생활을 실천하고 꿈을 실현하는 동시에 모은 돈으로 자산 운용을 해서 돈이 돈을 낳는 힘을 크게 키워나간다.'

'돈이 돈을 낳는 힘'을 키워서 지불에 쫓기는 생활에서 탈출하자

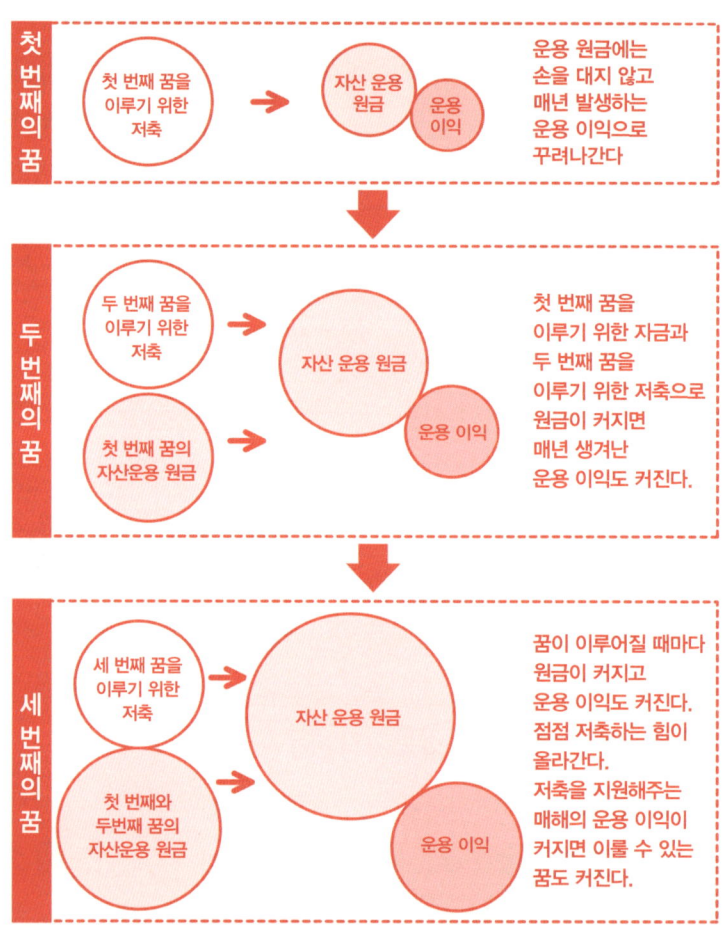

꿈을 이루기 위한 저축을 운용하면
돈은 눈덩이처럼 불어난다!

이렇게 하면 모두가 당연한 듯 받아들이고 있는 '평범한 돈 모으는 방법·쓰는 방법'에서 벗어날 수 있습니다.

나이가 많아도, 주택 구입이 완료되었어도, 시작하는 데 너무 늦은 것은 없습니다. 단 한 번뿐인 소중한 인생이니 여러분 자신과 여러분의 가족이 인생을 보다 풍요롭게 지내는 길을 선택하시기 바랍니다.

지금 바로 꿈의 실현을 위해 노력할지 말지에 따라, 남은 인생은 확실하게 달라집니다.

이번 부의 요약

- 물가 상승의 영향과 가계의 안정을 위해 자산 운용은 필요하다.

- 자산 운용은 단리에서 1~3%의 이율로 충분하다.

- 저축 생활을 위한 자산 운용에서는 하이 리스크 하이 리턴을 피한다.

- 모처럼 저축한 돈을 그대로 꿈을 실현하기 위해 쓰는 것이 아니라, 자산을 운용하고 그것에 의해 생기는 이익으로 꿈을 이뤄간다.

- 꿈을 이루기 위한 저축을 반복하면 점차 운용 이익도 커지고 꿈을 실현하기가 보다 쉬워진다.

나가며

기회는
모든 사람에게 있다

이 책은 학생, 사회인을 비롯해 꿈을 실현하고 싶은 바람으로 돈을 모으고 있는 모든 사람들을 위해 썼습니다.

현재 경제 상황에서 장래에 어떻게 생활할지를 생각하면 먹먹해집니다. 만성적인 국가 재정 적자, 빈부 격차 사회, 연금 문제 등 걱정거리를 꼽자면 한이 없습니다. 그래도 시각을 넓혀 세계적으로 보았을 때 이 정도면 혜택을 받은 환경이라고 할 수 있지 않을까요?

입맛대로 고르지만 않으면 취업해서 수입을 얻을 수 있습니다. 온갖 곳에 물건이 넘쳐 편리한 생활을 할 수 있습니다. 어떤 인생을 걸을지 개인이 선택할 수 있습니다. 목적을 명확하게 하고 올바른 행동을 취하면 확실하게 앞으로 나갈 수 있는 환경이 있습니다.

그래서 흠만 잡지 말고 지금 환경의 좋은 부분에 눈을 돌려 풍요로운 삶을 보내기 위해 노력해야 한다고 생각합니다. 그리고 그 기회는 모든 사람에게 있는 것입니다.

이 책을 사서 끝까지 읽어주신 여러분이 앞으로의 인생에서 무엇을 실현하고 싶은지, 여러분의 꿈이 무엇인지를 저는 알 수 없습니다. 다만 여러분이 여러분의 꿈을 하나라도 더 실현할 수 있길 간절히 바랍니다. 그리고 이 책이 거기에 도움이 된다면 더 이상 기쁜 일은 없을 것입니다.

이 책은 제가 처음 쓴 책입니다. 그래서 모자란 점도 많을 것이라고 생각합니다. 참고 끝까지 읽어주셔서 정말 감사합니다.

돈 모으는 끝판왕
저축의 신

초판 1쇄 인쇄 2015년 6월 26일
초판 1쇄 발행 2015년 7월 3일

지은이 하마구치 가즈야
옮긴이 김지영
펴낸이 김선식

경영총괄 김은영
마케팅총괄 최창규
기획·편집 박지아 **크로스교정** 한보라 **책임마케터** 박현미
콘텐츠개발1팀장 류혜정 **콘텐츠개발1팀** 한보라, 박지아, 봉선미
마케팅본부 이주화, 이상혁, 최혜령, 박현미, 반여진, 이소연
경영관리팀 송현주, 권송이, 윤이경, 임해랑
외부스태프 표지·본문디자인 Design1984

펴낸곳 다산북스 **출판등록** 2005년 12월 23일 제313-2005-00277호
주소 경기도 파주시 회동길 37-14 3, 4층
전화 02-702-1724(기획편집) 02-6217-1726(마케팅) 02-704-1724(경영관리)
팩스 02-703-2219 **이메일** dasanbooks@dasanbooks.com
홈페이지 www.dasanbooks.com **블로그** blog.naver.com/dasan_books
종이 한솔피엔에스 **출력·제본** 갑우문화사 **후가공** 이지앤비 **특허** 제10-1081185호

ISBN 979-11-306-0572-2 (13320)

- 책값은 뒤표지에 있습니다.
- 파본은 구입하신 서점에서 교환해드립니다.
- 이 책은 저작권법에 의하여 보호를 받는 저작물이므로 무단 전재와 복제를 금합니다.
- 이 도서의 국립중앙도서관 출판시도서목록(CIP)은 서지정보유통지원시스템 홈페이지(http://seoji.nl.go.kr)와 국가자료공동목록시스템(http://www.nl.go.kr/kolisnet)에서 이용하실 수 있습니다. (CIP제어번호 : CIP2015016422)